跨境电商网络
营销战略与实务研究

耿佃友　著

吉林科学技术出版社

图书在版编目（CIP）数据

跨境电商网络营销战略与实务研究 / 耿佃友著 . --
长春：吉林科学技术出版社，2020.9
ISBN 978-7-5578-7427-8

Ⅰ．①跨… Ⅱ．①耿… Ⅲ．①电子商务－网络营销－
营销战略－研究 Ⅳ．① F713.365.2

中国版本图书馆 CIP 数据核字（2020）第 162006 号

跨境电商网络营销战略与实务研究

著　　者	耿佃友	
出 版 人	宛　霞	
责任编辑	杨超然	
封面设计	李　宝	
制　　版	宝莲洪图	
开　　本	16	
字　　数	210 千字	
印　　张	9.5	
版　　次	2020 年 9 月第 1 版	
印　　次	2020 年 9 月第 1 次印刷	
出　　版	吉林科学技术出版社	
发　　行	吉林科学技术出版社	
地　　址	长春净月高新区福祉大路 5788 号出版大厦 A 座	
邮　　编	130118	

发行部电话／传真　0431—81629529　　81629530　　81629531
　　　　　　　　　　81629532　　81629533　　81629534

储运部电话　0431—86059116

编辑部电话　0431—81629520

印　　刷　北京宝莲鸿图科技有限公司

书　　号　ISBN 978-7-5578-7427-8

定　　价　40.00 元

版权所有　翻印必究 举报电话：0431—81629508

前　言

　　国内的跨境电商目前正处在快速发展的过程中，但是，境外市场的拓展具备一定的难度，尤其是文化差异在很大程度上阻碍了跨境电商的发展质量。因此，对文化差异背景下的电商网络营销策略进行创新构建，是很多电商工作者重点关注的问题。

　　从近些年国内的电子商务发展情况来看，电商已经在很大程度上占据了日常生活用品销售的主体地位，与此相关的移动支付和小额信贷体系也日渐成熟。因此，凭借境内现有电商产业的有利条件，结合境外各国文化差异的实际情况，制定网络营销创新方案并进行境外市场的拓展，是保证电子商务的优势得到充分开发的关键。

　　文化差异直接影响着消费需求，但是，现有的一些国内跨境电商在进行境外市场拓展策略设计的过程中，对于境外消费者需求的考察不够详细，仅是简单地照搬国内的电商业务模式构建经验，导致商品市场的拓展无法在满足境外市场需求的情况下得到高水平构建，也使得境外消费者的多元化需求无法得到充分的满足。一些跨境电商对于境外市场环境的参考指标分析不够全面，缺乏对境外消费者实际需求的有效考察，导致跨境电商在进行境外市场环境的拓展策略设计过程中，无法在营销策略创新方面取得一致，难以为消费者需求的充分满足提供帮助，部分跨境电商对于境外消费群体经济水平的考察不够全面，虽然对境外文化差异具备一定的研究，但简单的局限于风俗忌讳等问题的防范层面，缺乏对消费群体经济实力的必要关注，导致跨境电商行业在发展的过程中，难以充分掌握境外市场的具体状态，不利于市场拓展目标的精准设计。

　　虽然国内现有的移动支付技术已经较为成熟，但在进行境外电子商务工作创新的过程中，很大一部分支付模式的创新工作并未得到有效的创新优化，无法为电商平台之上支付业务体系的有效创新提供完整的支持。一些境外支付模式的创新对于境外市场主体人员的年龄特征分析存在不足，无法结合不同年龄段群体消费习惯的特点进行支付模式的调整创新。部分跨境电商对于不同国家的消费习惯考察不够深入，在美国的市场拓展策略设计过程中，美国消费群体提前消费的习惯并未得到满足，导致具备信贷性质的支付技术创新推广存在不足，不利于新型支付模式的推广实践，也使得支付模式的创新无法在文化差异因素的分析之下，得到合理处置。

目　录

第一章　网络营销的基本理论研究

第一节　网络营销的问题

互联网时代下，电子商务的发展如火如荼，消费者逐渐从传统的线下实体商店转移到线上的网络商店，营销方式也从传统的报纸、电视广告转移到网站、微信、搜索引擎等。特别是智能手机、无线网络、移动支付的发展也加速了网络营销的发展和进步。本节介绍"网络营销"的定义、特征，并论述了新的动态和发展，对中小企业的网络营销提供了借鉴和参考。

一、"网络营销"的定义

百度百科对"网络营销"的定义为：网络营销是基于互联网络及社会关系网络连接企业、用户及公众，向用户及公众传递有价值的信息和服务，为实现顾客价值及企业营销目标所进行的规划、实施及运营管理活动。

网络和信息技术的重要性毋庸置疑，本节也认为互联网和信息技术构成了网络营销的物质基础，使认为计算机的数据化传递和媒体网络更好的结合，销售范围可以覆盖全世界。

从广义上，企业可以利用一切网络，包括社会网络、计算机网络；企业内部网、行业系统专线网及互联网；有线网络、无线网络；有线通信网络与移动通信网络等；从狭义上，只以国际互联网为主要营销手段。

网络营销借助了互联网技术和移动终端技术，极大改变了传统营销的方式，并借助于电脑、智能手机等终端，在更大的范围和更广的领域传递了企业品牌和产品，并且实现了企业的营销目标和顾客的价值，最终为企业带来利润。

通过新的互联网技术和移动终端技术，网络营销给中小企业带来了新的机遇和顾客，也带来了新的盈利模式，特别是现在的顾客和消费者把大部分时间都花费在网络终端的智能手机和移动电脑上，并且金融支付手段也以移动支付为主，这也为网络营销的发展提供了新的机遇。

二、网络营销的特征

成本降低。网络营销可以降低企业的运营成本，包括实体门店的租金、水电、装修等费用，同时网络营销也可以降低库存的压力，减少资金和空间的占用，节约了成本。传统的企业营销中，很多企业必须考虑门店的地址选择、租金、装修，而且在客户的购物过程中，需要招聘导购人员，不合格的服务人员会耗费巨大的时间成本，导致营销失败。网络营销不但有效避免了这些成本，而且扩大了销售的范围，突破了时间和空间上的限制，促进了商品的更新，提升了企业的经济效益。

周期缩短。传统的商业运营中，遵循着产品设计、生产、包装、运输和销售等流程；而在电子商务中，可以根据客户的需求进行生产，有效的信息沟通能够极大缩短这一传统流程，加快产品的生产周期。张闯、刘祥伟提到了一个服装公司网络营销的案例，这个案例很好地解释了网络营销对周期缩短中起到重要的作用。Threadless 的 T 恤衫的设计来自作品评分高于 2.6 分的用户，并且设计被选中的用户可以获得奖金。Threadless 的模式是顾客设计和评价，商家网上预售，然后生产配送。这种颠倒的模式不但没有库存，而且可以先收钱再生产。这种模式不但刺激了用户的创作热情，而且公司始终没有投入一分钱的广告，还能紧跟设计的潮流和用户的需求。

技术更新。由于新技术的不断更新，网络营销的渠道和发展也是日新月异。网络营销不仅借助于手机短信、互联网、二维码和手机软件（App）等，而且包括电子邮件、即时聊天工具、搜索引擎和视频广告推广等。微信是腾讯公司开发的一款即时聊天的手机软件，现今大部分企业和政府机关都有注册微信公众号，不仅方便了广大消费者了解企业和产品，而且也促进了企业和公众的互动。大数据和人工智能也应用到网络营销中，肖霖岳（2017）提及了大数据应用了解到消费者的消费行为、购买习惯、购买能力和思想动态，有助于实现精准高效的营销和推广。

三、网络营销存在的问题

网络营销的理解存在误区。大部分企业认为网络营销只是换了一种营销渠道，通过互联网和手机终端进行的营销活动，而没有认识到营销的本质已经从单向推送模式转变为双向互动模式。更进一步，网络营销的本质变为以消费者需求为主导的双向互动模式，企业将根据消费者的偏好和要求进行生产和设计，从普遍撒网式的营销变为针对某个消费群体有针对性和目的性的精准式营销。比如大数据的应用能够有效帮助企业分析目标消费群体的消费习惯和偏好，并做出有针对性的产品和营销活动。

网络营销人才的缺乏。再好的营销计划和营销模式也需要具体的人去实施，没有合适的网络营销人才，意味着营销计划只能束之高阁，无用武之地。企业内部人员对网络营销认识不足，对市场定位和消费心理并不能很好地把握，缺乏既懂企业管理，又懂营销、计算机和网络知识的复合型人才。因为网络营销人才既要对新的网络技术和应用熟悉，也要对消费者的行为和心理了如指掌，这样才能高效地实施营销计划，给顾客带来价值，给企业带来利润。

网络营销环境混乱。尽管我国的网络环境已经取得了很大的进步，但是仍然有一些网络黑客和网络诈骗存在。消费者网上买东西容易，退换货难的事件时有发生，这不但对消费者的利益造成极大的损害，对网络营销的发展也是非常不利的。网络购物中个人信息和密码泄露，网上图片的精美和实际产品的质量低下时有发生，这不仅仅需要通过法律的制约，企业社会责任感的提升和公民个人素质的进步也非常重要。

四、网络营销的策略和发展

强化网络营销观念。对于原有的传统营销模式要完善，对于新的网络营销模式要加强。企业有必要加强对网络营销知识的培训和学习，建立起网络营销的氛围，加快营销人员的实际应用和分析能力，变单向推送式的营销模式为双向互动式的营销模式，通过及时有效的沟通服务，消除消费者对网络营销的陌生和不信任，改善服务质量，提高品牌知名度。

重视网络营销复合型人才的培养。人的因素对企业的发展至关重要，在互联网时代，不但要加强对网络营销人才的培养，而且要不断进行知识更新和人员更新，通过提升工作环境和薪酬水平吸引高素质和高质量的优秀营销人才加盟。

高校是输送网络营销人才的主要地方，企业可以和高校一起合作培养，鼓励经验丰富的优秀骨干到学校授课，同时也支持学生到企业的一线去实习和锻炼。

优化网络营销环境，进行精准营销。优化网络营销环境是一个双赢的局面，不但消费者的利益可以得到保障，而且企业的利润也能够实现。

企业需要建立网络营销的信息管理系统，利用大数据技术和消费行为分析，在保证客户信息安全的前提下，分析客户的购买意向、消费特点，进行有目的、有针对性的精准营销。尽管现在可以通过"线上订货，线下付款"，但并不能满足日益增长的用户需求，企业需要进一步加强网络支付安全性和保密性。

为了实现精准营销，企业还可以通过搜索引擎来吸引潜在的客户。张闯、刘祥伟认为搜索引擎不仅能够带来潜在的客户，并且可以主动吸引搜索引擎的使用者，所以网络营销的主要战场还是在像百度和谷歌类似的搜索引擎。

综上所述，在电子商务时代，网络营销比传统的营销方式更加高效和精准，消费者对智能手机和电脑终端的依赖性加强。首先要重视网络营销，其次要了解消费者的需求，最后要保证网络支付和信息的安全。在每个消费者都是一个自媒体的时代，更加要注重企业形象和口碑的传播，以实现双赢。

第二节　我国网络营销发展

网络营销在我国日渐壮大蓬勃发展，中国的网络营销水平也上升到一定的高度。在网络营销快速发展的同时也出现了一系列的发展问题和障碍，因此分析网络营销的发展现状同时对网络营销发展策略进行合理探究十分有必要。

本节分析了我国网络营销发展现状，同时对症下药的提出了我国未来网络营销发展的可能方向和可行策略。

网络营销是一种新兴的营销方式，主要对原有互联网进行依附，以互联网作为主要平台进行销售拓展和销售搭建，是互联网行业在商业运作和商业销售的突出表现。在网络营销发展之初，载体主要通过万维网、电子邮件以及各大搜索引擎等作为媒介开展业务。随着电商发展和互联网的进步网络营销也纷繁复杂，目前大部分企业通过广告营销和流动性推广使得网络营销渠道更加多元化，实现企业销售目的以及销售计划，在一系列的渠道拓展和技术加持后，网络营销更加具有针对性和指导性，企业在网络营销层面不再以"数"取胜，而是实现"质"的飞跃。

网络营销由于其特殊体质具有众多特征。首先网络营销具有强大的联结性。网络营销是整个企业销售战略计划的主体部分，销售活动不可能独立自称门派、自立门户，而是需要企业的各个部门在营销项目中进行调节和配合，通过系统化沟通和调整各个部门，实现一呼百应、互通有无，从企业内部促进网络营销的独立发展。

网络营销与网上销售有明显区别。企业普遍认为网上销售就等同于营销，但实际上两者大相径庭。网络营销是企业为实现产品提升以及品牌拓展，对产品内容和产品品质进行深度挖掘和深入曝光。但是网上销售只是单纯对产品进行推广和推销，关注点主要是产品的销售数量。另一个独立概念电子商务虽然与网络营销有异曲同工之处，但也存在微妙区别，因为电子商务是以交易为主线，以交易为依附对企业进行拓展和推广。而网络营销综合性更强，将网上销售和电子商务进行深度融合、取长补短，在交易之前发挥信息传导作用在交易后实现产品品质升华使两者有机结合。

网络营销传播速度快而且范围广，同时由于互联网的加持，企业很容易被推广到网络上，不受时空限制可以对内容进行深度挖掘，帮助企业快速进行多媒体宣传和反馈，可谓事半功倍。此外网络营销可以为企业节省人力物力，在经营成本方面因为网络营销不需要实际店面，企业可以忽略店铺的租金成本，减少租赁仓库的费用以及场地的处置费用，避免了商品的存储压力的同时间接提升产品竞争力。同时网络营销覆盖面广，有利于企业推广上市以及全球化发展，在我国目前对外发展和世界贸易经济环境下，网络营销犹如一把神秘的钥匙为企业进行国际化发展打开了绿色通道。

一、我国网络营销发展现状

我国网络营销发展较缓慢。我国网络营销发展起步较晚发育时间较短，当初网络营销在我国出现时由于概念新颖而且建设不成熟导致得不到大部分国民的青睐和支持，刚起步时举步维艰发展十分缓慢。在新世纪后人们的思想逐渐开放，对网络营销逐渐试探并且接受，在此期间互联网公司如雨后春笋般发展起来带动了网络营销的发展，网络营销迎来了行业的春天。尽管如此网络营销起步发展还是受到很大阻力，因为中国人口基数大同时起步晚，与欧美发达国家相比相形见绌，网络营销还不够成熟完善，而且新的网络营销公司不断涌现，但是行业内并没有出现相关的管理法规和法律，导致网络营销的问题层出不穷，消费者在网络营销中权益受到侵占却无法追诉法律责任，缺乏系统性的监管和维护。

我国网络营销发展日渐受重视。网络营销的出现犹如行业中的新指标和新方向，也为互联网行业带来了另一条发展的方向和研究思路。由于网络营销发展势头强劲，处于行业发展的风口浪尖，因此问题层出不穷而且存在各种各样的隐患。政府逐渐对网络营销进行关注和控制，密切监视网络营销行业的发展，国家通过建立一系列的国企单位对网络营销进行介入，投资了大量的国家企业为网络营销发展添砖加瓦。同时政府部门还成立了有关网络营销的专项小组完成网络营销活动和项目的专项工作，通过对网络营销企业内部人员进行培训和支持激励员工逐渐对网络营销进行重视，在全社会以及各个行业企业内掀起了一股新一轮的网络营销潮流。

我国网络营销方式多样化。进入新纪元后我国的网络营销方式从以往单一化发展逐渐转变为多角度多方面的拓展。部分网络营销企业抓住消费者和网民的心理特点和消费习惯施以策略，将以往传统单一化的网络营销方式推倒重建，实现更高的网络营销效益。此外企业为了压缩网络营销的成本，通过多渠道的网络营销方式对业务进行拓展和分支，细水长流般将网络营销的效益分支到最多收益。目前多元化的网络营销主要以"一心多核"为主战略，"一心"指的是充分利用互联网为主要营销阵地，"多核"指的是利用互联网进行广告、招标、推广等工作，在网络上核裂变式快速拓展将网络营销的触手伸进千家万户，实现网络营销多元化发展和网络营销经济的增速。

我国网络营销发展策略以人为本。我国网络营销在新世纪以前的主要战略都是以物品作为主要关注对象，传统的网络营销希望利用优质的产品对网络营销进行加持，实现盈利，却忽略了消费者的主观感受和消费体验。在新世纪以后人们思想逐渐发生变化而且消费者的消费能力逐渐提升，对于消费行为有更多想法，不再是以往物质缺乏或者物质单一年代的单边式营销为主，而是希望在进行消费时有良好的消费体验和消费感受。因此大部分的网络营销企业犹如敏锐的鲨鱼嗅到了猎物一般抓住以人文本的观念进行战略改进和战略推广，逐渐将网络营销的重心放到消费者身上，力求人性化拓展业务的同时提供优质网络营销服务，在此情况下行业大环境对消费者的行为进行捕捉，针对性推广以及使用网络技术加持，对消费者行为进行分析和大数据识别，网络营销发展如虎添翼。

二、我国未来网络营销发展策略

提升网络营销应用水平。我国的网络营销发展停滞不前，因此提升网络营销的应用水平迫在眉睫。网络营销企业需要从员工着手改头换面，从基层开始自下而上对员工进行体制性改革。首先需要加强员工的培训学习，定期开展网络营销的研讨会和讨论沙龙，通过员工之间交流实现思维碰撞产生思维火花，同时企业管理人员可以对员工的思维想法进行探究和研究，抓取新概念和金点子，既能提升网络营销企业员工的应用水平和思维准度，也为企业发展提供金点子新点子出谋划策；另一方面网络营销企业要对市场经济进行重新评估和战略调整，将以往粗放的经济市场进行有机划分并且细化，改变以往大批量的网络营销转变成为专一性个性化销售，实现一对一、有针对性的网络营销，企业抓住市场经济的发展契机努力实现企业转型和调整，实现网络营销快速转变和成熟发展，对内加强员工队伍的应用水平建设，对外对经济市场进行调整适应内外兼修，将网络营销企业建设成为应用水平高，适应性强的网络营销精锐部队。

促进网络营销平衡发展。网络营销平衡发展并不简单，因为我国的网络营销发展缓慢导致在起步初期行业发展步伐就不一致，各个企业的网络营销方式五花八门，因此协调网络营销区域性平衡发展才能保证网络营销高效有序开展。促进网络营销平衡发展需要对网络营销这架马车的车轮进行调整，推行有效网络营销政策缓解发展不平衡的劣根。首先需要对网络营销市场本质进行有效概述和分析，根据网络营销地区和销售地域特点进行合理分析，结合实际市场情况对企业自身发展提供战略支持，推广自身优势和市场经济特点，从行业角度出发对网络营销提供有机支持。此外网络营销企业需要树立正确的网络营销意识，所谓上梁不正下梁歪，企业自身需要对员工开展营销培训，同时建立正确的网络营销观念思维和企业精神，端正员工的工作思路和营销热情，从本质上更新网络营销概念和发展战略，提升网络营销企业的核心竞争力和营销软实力，以此达到快速占据网络营销市场的目的，快速拓展企业自身的网络营销市场版图抢先占据网络营销高地，促进网络营销企业自身的平衡发展。

培养实用型网络营销人才。网络营销人才可谓是企业的软实力和内部引擎，网络营销企业对实用型营销人才可谓求贤若渴。在如今信息化发展时代营销人才不仅需要掌握传统的营销策略和营销方式，而且需要掌握一定的互联网技术和网络操控能力。首先网络营销人才需要从"实"出发，"实"是指员工需要对网络营销有敏锐的嗅觉，及时捕捉新的社会热点并且对其进行内化和输出，将时事热点与网络营销进行实际结合，利用热点为企业的网络营销打广告。此外网络营销实用型人才还需要有强大的数据分析能力和信息处理能力，通过掌控先进的网络营销技术对企业的数据客户和销售产品进行技术加持，实现人才管理和信息技术拓展并驾齐驱，将人才信息处理能力与新型的网络营销企业技术进行结合，推动网络营销水平的同时，增强网络营销实用型人才的实践能力。

　　强化网络营销环境治理。网络营销管理一直是社会的热点问题，网络营销问题层出不穷，因此加强营销管理迫在眉睫，网络营销的安全管理有两大方面：首先是交易支付安全。交易支付安全是消费者最关注的重点，如果网络营销缺乏交易支付安全将导致消费者数量大量流失，因此网络营销企业需要着重强调并且对交易支付予以技术支持。而政府也需要出台相应的法律法规如《网络安全营销法》等，对于在支付过程中的违法犯罪行为予以重罚严重者进行刑法判刑；而网络营销管理第二个方面是消费者的信息安全。网络营销企业需要遵守网络营销行业道德对消费者的个人隐私消费信息等严加保密，坚决杜绝贩卖消费者个人信息的恶劣行为，对于出现信息泄露或者个人隐私曝光的问题及时处理，加强企业网络营销的软件支持和技术保护，通过高水平的信息技术对消费者的个人信息和消费习惯严加保密。从交易支付安全和消费者信息安全双管齐下，强化网络营销管理建设绿色安全的网络营销环境。

　　综上所述，推动我国未来网络营销发展需要多管齐下，企业务实创新守住企业营销精神，政府严加管控齐心协力从多方面进行反馈和整合，才能实现网络营销多方面快速发展。

第三节　网络营销的优势与劣势

　　网络营销通过互联网实现其价值，在互联网的世界里发展经济。网络营销作为 21 世纪新兴的产业，它为新时代打开了一扇无限发展的门，也给传统市场带来了巨大的挑战。据调查统计：2016 年我国网民已达到 7.31 亿，普及率到达 53.2%，我国网民的人均周上网时长为 26.4h。这个数据充分体现互联网发展的巨大，网络文化产业已经成为我国经济发展中重要的一部分。随着互联网＋模式的发展和应用，各大企业更是加快网络营销的发展。通过对网络营销的分析，不难发现网络营销在市场竞争中有巨大的优势。

一、网络营销在市场竞争中有巨大的优势

　　降低企业成本。网络媒介的特点有：传播范围广阔、传播速度迅速、没有时间和地域甚至国界限制等，无形之中大大地降低了企业的营销成本。网络营销既没有店面租金，且也没有库存需求，这也就很大程度上降低了企业的运营成本。京东大营销方式充分体现网络营销对降低企业成本的重要作用：京东的前身是十几个线下实体店面构成，然而实体店面的租金每年会递增 0.2%～0.5%，同时还有人员工资和物品损耗，这也是一笔很大的开支，自从京东实现网络营销，这就很大程度上降低运营成本，而且企业可以通过大数据了解消费者的消费习惯和消费产品，为公司的采购做提供具体化、可靠性高的销售数据。

　　扩展营销空间。营销的最终目的是占有市场销售份额。互联网可以打破国界的约束，

开拓地区的交流，跨越时间和空间的束缚，开拓出一个全新的、开放式的全球市场，通过互联网企业将营销活动实现了全球同步发展与更新，充分体现了全球营销。这样可以使企业用最少的投资实现最大化的营销，也加强了企业对产品的操控性，毫不夸张地说，网络营销为全球经济发展开拓了一个巨大的市场。

满足消费者的个性化需求。在一个科技发达的时代，人们的个性化消费需求越来越大，因此，企业必须不断地提高其为消费者提供的个性化服务水平，大力发展个性化产品。互联网支持所有个性化需求，通过利用现代化科技，网民们可以自由、平等、随时的进行信息交流，同时互联网为网民提供了一个没有疆域和时间限制的第二世界。这样可以使企业实现随时随地了解顾客对产品的满意度，为企业发展新产品提供更加准确的信息。

使中小企业获得相对公平的竞争机会。网络营销为每一个企业提供了一个公平竞争的发展平台，在互联网的世界里没有跨国企业、国企、央企等等这些老牌企业的限制，使得企业都可以公平的获得市场信息，而且可以公平、平等的展示企业的优点，从而使得中小企业获得更多的发展机遇，为企业提供更多的公平竞争机会。通过互联网使企业花费最少的成本就可以迅速地获得全球信息。

最大限度地扩充信息量。企业通过互联网使用更多的方式和方法体现企业文化的特点和产品的功能和价格，最大化的扩展企业的信息量，更加全面的宣传企业形象，快速提升消费者对企业产品的认同感，提升消费者对企业的了解和信任。以上种种都是企业特别喜爱互联网营销的原因之一。通用汽车在世界上是出了名的汽车公司，一直以来，通用汽车公司的产品在使用者的评价里占有很大的地位。除了通用汽车公司的产品特别优质之外，还有通用汽车公司能最大化地满足消费者个性化需求。

网络营销与传统营销相比是有很多优点的，通过这些优点使商家获得更多的发展机会。但是，在网络营销发展的过程中存在很多的问题。

二、网络营销发展过程中存在的问题

缺乏信任感。在互联网的世界里，消费者与商家没有直接面对面的沟通交流机会。买卖的过程中没有人性化的服务，消费者缺乏信任感，减少了回头客，也使得长期的生意合作减少了。即使客户下次继续购买，交易双方都需要重新评估产品和商家。在网络营销中最大的问题是缺乏信任感，交易双方的身份很难确认，在网络营销的市场里面，交易双方需要通过多种方式验证对方身份的真实性，而且即使怎么去验证对方的身份，还是很难放心的交易。例如众所周知的淘宝，因为消费者在购买商品的过程中只是看到了图片，不能真实的接触商品，而且网上的产品质量参差不齐，网络诈骗也是频频发生，久而久之也就降低了消费者对网络购物的信心，严重破坏了我国电子商务的发展，直接导致网络营销的发展难上加难。

体验营销受限制。传统营销里面的体验营销是传统营销重要组成部分，相对来说网络营销就不是这个样子，人们的正常的几种感觉，例如味觉、触觉、视觉，这些感觉很难通过互联网传递和感触。简单地说明一下，人们去商场买衣服，可以上身试穿，可以用手摸感觉质量，可以直观地感受这件衣服到底合不合身，那么到了互联网，大家看到的仅仅只是一张张图片，这样对购买者来说是存在很大的困难的。

技术问题有待提高。互联网技术提升包括两方面：一方面是硬件的提升，数据存储的扩大和更新。互联网发展非常迅速，可能今天的数据处理器还合适，到了明天就被淘汰了，这就要求商家必须重金投资；另外一方面就是软件的提升，像企业相关的 ERP、CRM、SCM、WF、DW/DM 这些管理软件的建设和升级，对一个企业的发展在数据上的收集、分析有着巨大的作用。

价格问题。价格问题主要体现为商家会进行价格大战。顾名思义，互联网最大的优点就是价格低，客户有什么需求，只要从网上搜索，所有的供货商都会出现，消费者根据自己的需求进行筛选，也就是人们常说的货比三家。那么问题就出现了，大家的产品差不多，谁的产品能吸引消费者？自然是价低者，于是就出现了各种降价比拼，著名的"猫狗大战"就是一场经典的互联网价格大战。后来产生了各种折扣日，例如天猫的双十二，据调查 2015 年天猫双十二营业额达到 912.17 亿元，而到了 2016 年天猫双十二营业额达到 1 207 亿元，这个数字充分反映了网络营销的巨大利润空间。

安全问题。网络支付非常便捷，付款时只需要一个密码加一条验证码轻松搞定，甚至有的支付无须密码，例如小金额免密支付，这些操作给人们的生活带来了很大的方便，同时也为不法分子提供了一个渠道。网上有很多盗刷的现象，某某人信用卡被刷空，XX 万一夜之间化为零。这些血的教训告诉我们，支付便捷固然是好，可是打开了方便之门，如何把控入场人员同样重要。

网络营销的巨大市场空间无须置疑，各大商家纷纷加入其中。在进行网络营销的过程中，我们要做到将优点无限放大，将缺点无限缩小，将成本控制到最小，将损失降到最低，将利润扩大到极致。我相信未来的互联网会成为人类的第二世界，这里面不仅仅是过去单纯的信息交流，未来可能发展到身临其境，大家在网络里实现见面、聊天、生活、工作。

第四节　互联网时代的网络营销策略

随着网络经济时代的到来，传统的营销已经不能满足消费者的需求，取而代之的是网络营销。多样化的互联网网络营销形式能让企业更好地适应市场发展的前景，带来新的机遇和挑战。本节针对网络营销的发展现状以及其优势，讨论网络营销的运作策略。

一、互联网时代市场营销现状分析

网络营销范围广。在经济逐步走向全球化的大环境之下，市场营销国际化已经成为必然。传统的营销模式单一，缺乏创新意识，消费者的消费形式，以及产品的选择都受到了约束，很多需求都无法满足。随着互联网时代的飞速发展，网络给人们的生活工作，都创造了很大的便利条件。把互联网营销融入市场营销模式之中，消费者能够有更多的消费方式以及选择的余地。这样，在满足消费者需求的同时，也提高了企业在市场上的经济效益。

支付和交易方式多样化。网络技术的全面发展，给人们的生活提供了很多便利。传统的交易都是使用现金以及银行卡完成，极为不方便，交易也十分不安全。如今互联网技术已经足以弥补这些缺点，网上支付的方式已经普遍的存在。有支付宝、微信等一系列的支付软件，并且都被大众接受且认可，如今已经成为不可取代的消费形式。同时这种交易方式安全系数更高，资金安全更有保障，这也是促使网络营销发展的关键。

竞争力强。过去传统的市场环境下，很多企业会受到竞争模式的影响，而且多数是以实体作为市场竞争的重点，对于网络营销的意识十分淡薄。随着网络经济时代的发展，越来越多的企业重视到网络营销在市场竞争中的重要性，一个企业必须要依托网络市场才能走得更长远。如今各个商家营销策略层出不穷，针对消费者的喜好推出各种方案，加大了市场的竞争力。但是有竞争才会有发展，所以较强的竞争意识才能保证企业持续稳定的发展。

二、互联网背景下网络市场营销的优劣势

传统的营销模式存在形式单一、程序复杂众多的缺点，是不能适应时代发展的节奏。传统的营销渠道以实体产品推广为主，大大地提高了产品的成本，加上销售店面以及人员等附加成本产品的价格自然就高。而且市场情况信息封闭，难以及时收取到市场的信息，也就不能及时了解消费者的需求，从而导致有针对性的更新产品。

在互联网基础上发展的网络营销已经成为主流。比起传统的营销模式，其优势显而易见：第一，依靠多媒体化的网络营销方式来传递信息，能够全方位的展示产品；第二，依靠网络平台，与消费者及时交流。这样，不但企业能够及时了解市场需求，消费者也能够查询到产品的信息；第三，通过互联网传递信息不会受到空间、地域的限制，任何时候都能够掌握产品。企业也能够随时为客户提供服务；第四，网络营销能够节约产品的交易成本。直接通过互联网完成交易，产品的成本大大地降低；第五，网络营销产品的信息有利于企业整合市场需求，企业的管理也会更加合理。

虽然网络营销目前还存在一些问题。比如，虽然客户能够很快捷的购买到自己所需要的产品，但是依然也伴随着风险，所以企业的信誉也很重要。需要长期的积累，不断地完善，获取客户的信任。另外，在网络营销的过程中，还有安全问题，比如资金安全、商品

安全、客户信息的安全等。随着电子商务的相关法律逐步地在完善和网络营销的技术不断更新，网络交易的安全逐渐得到了保障。

三、互联网背景下市场营销策略的创新

产品策略创新。在互联网这个大环境下，所有的资源都是共享的。消费者也可以没有距离的进行交流。企业通过消费者传达的建议，及时的更新产品，还可以为消费者提供个性化的服务。消费者主导着互联网的营销，能够自由的选择产品。如果要想吸引消费者，产品的设计与销售的时候，除了考虑消费者需求的多样性，也要注重商品的个性化。在网络营销的实施过程中，可以强化品牌效应。传统的市场环境主要体现在产品的质量和服务的品质上，并没有追求过多的品牌效应，更没有最大程度体现出企业的品牌价值所在，但现在消费者越来越追求品牌化，所以企业要着力打造一个品牌效应，加大宣传力度，为企业树立一个良好的品牌形象。这样才能更好地提升企业的无形资产，以此作为企业的发展基础。品牌作为一种无形资产，但是它能够推动企业发展，提高市场竞争力。网络平台对于消费者来说，信息都是公开化的。所以要打造品牌，创造个性化，吸引消费者进入企业的网络，使每一个消费者都能够了解到产品，进而得到大众的信任。此外还要作好大数据分析，互联网营销能够反映出商品的销售数据，及时对其做出处理与分析。全面地了解到市场需求、商品的销售情况，能够反映出消费者的消费倾向。这样就能够更加精准的打造消费者需要的产品，制定更加满足市场需求的营销策略。

价格策略创新。价格的定位是在全方位的市场调研之后，根据消费者能够接受的标准来决定的，首先企业必须要对商品有充分的认识。对于同类商品也要去详细的分析比对，给产品制定一个适合自己的网络销售价格。传统的营销模式下，市场营销的价格策略，是完全不能够满足消费者对商品性价比的要求的。消费者是影响价格定位，决定价格的关键因素。传统的营销模式里，企业不可能在变化多端的市场中了解到消费者的价格承受底线。如今互联网的数据能够精准反映出市场价格的标准以及市场行情。在产品投入销售的初期，可以进行小规模的试营销，对市场行情进行摸底，在了解消费者对商品的价格底线之后，再进行一定的改良。如果得到了消费者的认同，就可以投入生产与销售。互联网平台就是让企业与消费者之间能够直接地交流，全面的了解市场需求，降低了企业生产的成本。而且在实际操作过程中，消费者还可以根据自己的喜好对企业提出自己个人需求。根据自己的要求进行制定，最大限度上满足消费者的个性化需求，在产品设计加上自己的想法，消费者能够得到最大程度上的满足，也是企业产品追求个性化的途径之一。

在制定价格的过程中，首先对产品进行市场测试。产品在保证质量的基础上，价格也要在一个大众接受的范围。所以要针对消费群体精准的定位，了解消费者的购买能力，综合各方面的信息来生产适应市场需求的产品，从而增加产品的销售量，获得更大的经济利润。在对价格不能够优惠的情况下，选择赠送小礼物，或者是别的方式去满足客户的心理

平衡，感染客户，让客户有实际的购买行为。全面地收集到市场信息以及大众的需求，网络营销的对象就是广大的消费者，所以一定要在综合考虑消费者的需求前提下，设计和服务，深入了解销售市场，才能够适应市场的发展。所以说，借助网络平台，让消费者与产品之间进行全方位的沟通，真正意义上的满足消费者需求，也能够推动经济市场的发展。

分销策略创新。传统的营销模式是通过厂家，然后批发商，再到经销商一系列的过程才能够到达消费者的手中。网上营销直接让消费者能够更直接的获取服务，也大大缩减了厂家生产的成本。商家与消费者之间可以交流产品的质量、性能等问题，及时得到肯定，有问题也能够及时的改进。消费者在网上了解产品后，自主的购买产品，节省了很多中间环节，也就降低了成本。同时消费者与商家能够建立到一种稳定的合作关系，有助于企业占领市场，消费者能够买到自己满意的产品之外，还能享受到相应的服务。

网络经济的快速发展，为广大消费者提供了更多的新产品选择余地。消费者的消费手段与方式也都发生了很大的改变。企业在利用新技术的同时，也应该对产品的成本以及效率进行全方位的考虑，并且和其他的企业创建良好的合作关系，及时创造新产品，吸引消费者的注意，获得更好的经济效益，以保证推动企业的持续稳定发展，同时也要利用好网络平台规划网站和机构建设。此外，企业还要拥有自己的个性网站，能够及时开展有针对性的网络营销活动，并设置专门的网络营销机构，负责内外协调，培养一批专业的信息技术的管理人员，做到从广告到成交以及售后服务一体化。网络营销的前提就是利用互联网设置网站建立基础设施，不但要具备科学合理性，还要及时的更新网站内容，做好广告宣传以及推广，构建一个系统的数据库，及时掌握市场的发展趋势。通过平台进行交易，减少运营成本，消费者也能够获取专业的服务。

促销策略的创新。传统的促销方式过于单一，产生影响的范围也受到局限。商品要想达到最好的促销效果，做好宣传至关重要，高效、特别的宣传能够大大的提升销售量。而在目前的网络信息时代，互联网能够非常迅速的，而且全面的展现各种信息，所以有效的利用这个平台是能够带来非常可观的效益的。企业可以通过一些特别的、醒目的主题来吸引消费者，激发购买欲望。在互联网营销平台，将商品的信息完整的现出来，消费者在网上进行消费的时候，足不出户，就能够货比三家。综合信息相同的情况下，消费者肯定会选择价格优惠的产品。所以，在宣传的时候，一定要对产品的性能、设计等方面进行推广，扩大宣传范围，宣传的手段也直接影响到消费者的选择标准。在一些消费者十分认可的平台中进行推广，效果最好。在这些比较有影响力的平台中，有的明星、粉丝能够大大的增强产品的销售力度以及宣传力度。所以只要在营销策略上不断创新，就能够很好的利用互联网平台促使企业的发展。这种营销手段的转变能够更好地适应市场，满足消费者的需求，保证企业持续性的良性发展。企业的销营销策略始终是以消费者为主导地位的，所以创新也是围绕消费者需求来开展。因此不但要对外交流，还要从消费者的实际需求，来分析制定完善的营销策略，并积极的创新。

服务策略的创新。在传统的营销模式下，必须要通过表情语言及行为来服务顾客。对于产品使用中出现的问题，或者是不满意的地方，不能够及时的沟通，得到解决。而网络营销模式只需要通过信息传递就可以达成交易，解决问题，及时为客户提供售后服务。能够通过网络咨询，了解到产品的综合信息产品和售后指导，与客户之间交流也更加的及时。如果客户有不满意的地方，及时的改进，达到客户的要求为止，从而建立起与顾客之间的信任度。而且通过网络平台购买的产品，经过物流配送，能够直接到达客户的手中，这种服务也是传统市场不能比的。现代物流业的发展，能够更好可为企业和消费者提供服务，让消费者能够在最短的时间内，收到自己购买的产品，也提高了市场营销的效率。

网络信息的飞速发展，消费者选择商品的范围也越来越广，所以企业要及时更新自己的自身的营销观念，从消费者的角度出发，强化大众对网络营销的认识，制定完善的营销策略，满足消费者的实际需求。在网络平台对产品扩大宣传力度，在富有弹性的市场中，丰富销售渠道，适应网络销售的大环境。

就目前来看，我国的网络营销发展尚未得到最好的发挥。面对激烈的市场竞争环境，企业要想立于不败之地，还需要多方面的完善营销策略，从实际出发去创新市场营销理念。

网络营销是为了适应市场经济发展，在传统营销模式上的一种发展与创新，它能够更好地渗透到人们的生活工作中，为大众提供方便，这是网络经济时代发展的必然结果。总的来说，在这个网络经济时代，人们的消费水平和消费方式都发生了巨大的改变，所以企业要想取得长远的发展，面对新的机遇，应该积极的改变传统的营销模式，更好地运用互联网网络营销模式，加强网络营销的宣传力度，适应市场发展前景，在激烈的商业竞争中占领一席之地。

第五节　基于大数据的网络营销变革

互联网的普及应用、庞大的互联网用户群体规模、高速增长的互联网基础资源，使我们在日常的活动中产生了海量数据，促使我们进入了大数据时代，同时也为企业的网络营销带来了新的机遇和挑战。大数据为网络营销的发展注入了新的动力，对降低网络营销成本、提高网络营销的效益具有重要意义。同时消费者也更容易获取商品信息，消费需求也更加理性及追求个性化，这些也为企业带来了更大的挑战。中国虽然网络营销的理论并不成熟，但由于我国存在较发达的电商企业，所以我国的现实实践为理论研究提供了丰富的依据。本节对大数据背景下的网络营销方式、战略及策略方面的变革进行了研究，具有重要的现实意义和理论价值。

一、大数据及网络营销的相关理论研究

云计算、移动互联网等新信息技术的广泛应用及社会化网络的兴起，使信息数据产生

机制更复杂、传播速度更快、类型更多样，世界已进入网络化的大数据时代。但学者对大数据的定义目前尚未统一，有学者将其定义为信息，有学者将其定义为技术。李国杰认为大数据是数据分析的前沿技术，它能够从繁杂、海量的数据中，快速分析、提取有价值的信息，本节参考李国杰的定义。另外，大数据被认为具有 5V 特征，也即规模性、高速性、多样性、价值性、以及难辨识性。学者们对网络营销的定义基本一致。网络营销，也叫互联网营销或线上营销，是指利用网络信息技术、数字媒体技术和电脑通信，传递营销信息，联通商家和消费者，最终达成营销目的的营销活动，具备交互性、跨时空、个性化等特征。

大数据对营销者来说是把双刃剑，大数据的大、复杂、不确定等特点给网络营销既带来了宝贵的发展机遇，同时也给其带来了很多巨大的挑战。2016 年斯科特·布林克提出技术营销概念，指出互联网环境下的营销活动已经发生质变，数据和技术成为互联网环境下营销活动的基础，利用大数据进行营销是新一代营销人员的必备技能。黄纯芳提出企业应建立起企业的动态营销策略，对市场形势的变化及时做出反应，将全方位的网络营销贯彻其中，充分运用大数据科技手段，掌控现在，放眼未来，并指出移动互联网营销开始成为一种新的营销模式。

二、大数据对网络营销数据处理的影响

大数据是数据分析的前沿技术，它能够从繁杂、海量的数据中，快速分析、提取有价值的信息。大数据改变了企业进行决策所依赖的数据的获取、准确性、分析处理方式，使营销决策更多地依赖于数据分析，而非以往的依靠管理者的经验或直觉。在数据筛选应用方面，往往是通过数据挖掘、数据分类等技术，将其转化为可视化的具体数据，为决策提供数据支持。另外，由于数据产生及传播迅速，数据的决策更注重实时处理，数据间隐藏的联系成为大数据的主要价值来源。

三、大数据背景下网络营销的相关变革

大数据不仅直接影响了网络营销的数据获取、信息管理及决策过程，还通过影响消费者行为间接地影响着网络营销的方式、策略、战略等方面。企业在制定产品营销策略时，越来越依赖于市场数据，企业管理者需要从大量数据中，挖掘数据的潜在价值、了解客户需求、把握市场规律，迅速制定行之有效的营销组合，抢占市场的制高点。

消费者利用大数据对网络营销形成倒逼。在大数据时代，消费者的购买行为发生了变化，传统营销时代，买卖双方往往存在信息不对称，消费者处于信息弱势，市场为卖方市场，商家出于规模经济的考虑，只能在有限范围满足消费者的个性化消费；但在大数据时代，消费者通过互联网拥有了信息优势，有更多、更方便的途径获取更详细的商品价格、成本、产地、质量等信息，能更方便地搜寻、比对，从而做出更理性的选择。并且，消费者评价系统的使用也更广泛，先购物者的购后评价及经验对新消费者具有重要参考。此外，

信息广泛并快速传播，消费者的消费认知及创造力大大提升，消费异质性不断增大，消费者对产品或服务的关注并不仅限于以往的质量、品牌、价格、售后等，更关注其个性化的满足程度。消费者掌握了消费主动权，市场往往是买方市场。这逼迫网络营销必须解决这些问题以继续生存下去。

基于大数据的网络营销方式的变革。数据挖掘技术使企业获得市场信息的渠道向低成本高效率发展，信息来源更加全面准确，网络营销更为成熟化、集约化，越来越多电商企业利用大数据挖掘共享技术获得潜在客户的精准定位、判断行为倾向。企业可以从电商平台、搜索引擎、社交媒体等平台掌握大量关键词、图片、声音等信息，并通过大数据分析平台进行差异化分类处理，对潜在客户信息进行精准定位，以此为依据进行个性化推荐，这也使得企业能与客户建立深度连接，并推动产品的异质化。

基于大数据的网络营销战略的变革。在大数据背景下，网络营销战略上的变革可以分为三个层次：首先，企业可以运用大数据进行消费市场的细分和对消费者的真实需求进行挖掘，对市场需求状况以及客户的喜好倾向进行系统的分析研究，从而形成事前预测的方式。这种预测的方式不仅可以节省产品设计、研发等成本，还可以减少资金的占用，提高资金利用率；其次，企业可以应用大数据对产品进行事后评估。通过应用大数据对市场上的产品进行监测和分析，可以了解产品的状况、相关的市场信息和营销信息，进而调节产品的生产、销售等计划，使生产的产品更能符合市场需要，满足消费者需求；最后，企业还可以实现记录消费者在产品不同生命周期阶段中，品牌偏好、口碑评价等的变化，并借助统计分析等方法，对消费者的消费行为进行细分，以此结合自身的优势，选择目标市场，进行一对一营销的精准定位。这三方面都能够降低企业的营销成本，提高营销的效率。消费者新的消费需求的转变虽然给企业带来了困难，但也倒逼企业与时俱进，及时学会利用大数据进行网络营销的转型升级，为消费者提供更有针对性的服务，企业还可以通过大数据技术进行整个生产及销售周期的预测，从而更具竞争力。

基于大数据的网络营销策略的变革：

精准网络营销策略。精准网络营销是企业运用数据分析技术，在合理、准确的市场细分与定位的基础上，针对消费者的个性化需求，针对性地把合适的产品销售给合适的消费者的过程，具体包括利用大数据加强网络营销广告投放的精准性、网络营销市场精准定位、提高网络营销服务的个性化程度。以消费者为核心的思维是精准营销的关键，应掌握客户的真实诉求，使消费者得到更为个性化的产品和服务，根据客户在某一时间或是长期的需求方向进行个性化营销的成功率要远远高于广泛营销。此外，在大数据时代，深入了解客户的个人喜好、社会层次、圈子文化，这不仅有利于精准定向客户需求的产品，还可以建立与客户之间的感性联系并加深客户的忠诚度，根据客户的消费方向实现交叉消费。而构建基于大数据技术的大数据营销平台，能帮助企业全面地跟踪采集用户的消费行为数据，实现上述目标。通过大数据，还可以根据顾客的所处地理位置、所处时间等消费情境对顾客进行精准营销，准确地将广告信息传递给消费者，并对消费者的反应进行及时回应。概括地说，精准的广告投放是企业实施精准营销的有效途径，对偏好不同类型广告的消费者投放对应的广告，可以提高潜在客户接受企业产品和服务信息的精确性。精准的客户定位是营销策略的基础，在企业进行市场细分之后，深入分析不同的顾客，最终完成目标顾客群体的确定。精准投放则是精准营销的关键，能够完成产品投放与目标消费群体个性化需求的有效匹配，从而提升产品投放的精确度。总之，精准网络营销就是在市场细分、广告投放、顾客服务等方面都能通过大数据实现。

社会化网络营销。社会化网络营销又被称为对话式营销，是指通过社会化平台、意见领袖、在线社区等方式开展市场营销活动，大多是通过个体间的口口相传，实现产品的促销和推广，是互联网广告营销的全新模式。它与传统营销的最大区别是强调与受众的互动。近几年来，社会化网络营销受到很多企业的热捧。社会化媒体，比如 QQ、微信、微博、博客、百度等，借助互联网技术，使每个人都可以发布、评论和转发社会媒体内容，使信息的传播及分享十分便利。由于人们倾向于信任他们的朋友、家人、同事等亲密的社会关系所发送的信息，与电视等传统营销平台相比，在线社交网络中的信息更容易被用户所接受，并且在线社交网络上的信息传播具有速度快、成本低、影响范围大等优势，许多企业均试图通过在线社交网络进行产品的促销和推广。此外，在大数据时代，大家手机中都有很多 APP，会注册很多社交软件，但同一个用户在不同的社会化媒体上的需求是不同的。当个人进入该企业的电商平台时，企业能够根据其在其他平台所留下的交互数据，对该客户的需求和喜好进行定位，勾勒出该客户的整体形象。在大数据时代，以大数据分析为基础的社会化营销针对性更强，营销效率也更高。

从理论和实践方面对比国内外基于大数据的网络营销发展状况。在国外市场经济成熟，互联网普及率高且数据环境成熟的国家，大数据驱动的互联网营销理论领先于我国。首先这些国家已经有几十年市场营销理论沉淀，拥有大批营销领域的专家学者；其次这些国家率先使用互联网，互联网网民普及率高，在对这些网民进行的大量营销活动中积累了丰富的互联网营销实际案例；最后这些国家已经形成成熟的数据驱动的决策文化，企业乐于使用数据分析为营销决策提供依据，因此这些国家的数据驱动的互联网营销理论发展走在世界最前列。大数据对网络营销的推动作用十分巨大，基于大数据的网络营销已经成了重要的营销手段。大数据是网络营销的点睛之笔，通过实时的数据抓取及分析使网络营销更加精准，省去了大量的人力物力和时间，提高了网络营销的效率。并且，大数据还使个性化营销变得可能，企业可以通过大数据获取个人的消费历史、偏好、地理位置等信息，分析出消费者需要，并发掘其潜在需要，从而使企业可以根据市场需要规划其生产、营销计划，优化资源配置。并且在社会化网络营销的过程中，还能够通过与顾客的实时互动，增强顾客忠诚。总之，大数据使网络营销焕发了生机与活力。

但是同时大数据也为网络营销带来了挑战。首先，基于大数据的网络营销使消费者的隐私受到很大的威胁，消费者的个人信息遭到泄露，消费者每天受到各种垃圾信息的干扰；其次，如今产品信息已公开透明化，消费者能够方便快捷地获取产品信息，并对不同产品进行比较，消费者更加理性，这使得企业之间的竞争加剧。而且，消费者越来越注重产品品质和个性化，更多关注精神需求，更注重购买体验和服务，这为企业也带来了新的要求；最后，不是所有的公司都具备利用大数据的技术，一些企业并没有能力利用新的信息技术，这可能导致其被市场淘汰。为了应对这些挑战，首先，企业要视其自身情况，进行一定程度的大数据利用。自身若没能力，则要注意观察同行业市场发展动态，及时调整自身业务；其次，在利用大数据的时候一定要注意职业操守，保护好消费者个人隐私，不随意泄露个人信息，并且要提高公司的技术水平，保证系统安全。此外，还要根据市场动态和消费者的需要及时调整营销策略，调整产品的生产及市场定位。只有这样，企业才能更好地生存下去。

第六节　电子商务模式下网络营销

随着电子商务的迅猛发展，网络营销成了重要的营销渠道。本节介绍了消费者行为特征：消费行为的惯性、不可逆性、跟随性、便捷性；从交互式多媒体、跨时空、整合性、经济性的方面分析了网络营销的优势；阐述了电子商务模式下网络营销的新理论：网络整合营销、软营销、网络直复营销；提出了提升网络营销效果的策略：消费者导流、拓展营销思路，可使体验更加具有真实性和趣味性，提高消费者满意度。

一、消费者行为特征

惯性。消费者的消费行为通常会受到以前习惯的影响，不断重复消费行为，长此以往，就会形成一定的消费习惯，从而产生消费惯性。消费者的消费行为取决于收入水平、生活环境等因素，而这些因素均具有一定的稳定性，是消费者价值观形成的主要原因。

不可逆性。根据马斯洛的需求理论可知，人的需求是从需求金字塔模型的底部逐渐向上迁移。在收入水平维持或增加的情况下，消费者的消费特征便表现出稳定和不可逆的特征。当消费者适应了与新的消费水平相吻合的消费习惯后，便会放弃原来的消费习惯。电商消费习惯的形成，会使消费者逐渐放弃原来线下消费的习惯。

跟随性。市场的供给因素较为活跃，在收入水平不断提高的情况下，消费行为不仅是满足基本生活需求的行为，还会将自己的消费行为与所处环境人群的消费行为进行比较，追随意见领袖者，顺应潮流文化。随着电子商务的兴起，线上购物已成为消费潮流，在各大电商的促销策略中，大量用明星代言的形式进行消费者导流，进一步加深了消费者行为的跟随性特征。

便捷性。目前，人们用于消费的时间已呈现出紧迫性和碎片化的特征。传统的消费行为已难以适应现代人群的时间节奏，但消费需求的客观性不会因为时间节奏的改变而减退，电商企业的出现,很好地解决了这一问题。电商企业依托于移动客户端的营销方式,可以让消费者充分利用碎片化时间进行便捷消费。同时,围绕电商兴起的物流配送服务体系也在逐渐完善。

二、网络营销的优势

在交互式多媒体方面。网络营销可以为消费者提供良好的互动体验,实现双方深度交流。信息的传播不再是企业或消费者单向的交流,而是双方的信息交换和传播。通过这种交互模式,企业可以在很大程度上为消费者提供便利,如提供商品信息查询等服务。

在跨时空方面。企业如果仅靠传统营销方法是无法使信息在大范围内迅速传播的,但应用互联网营销,传播效率就会大幅提高。互联网营销打破了时间和空间的限制,信息被快速传播和分享,企业有了更多的营销时间和空间,可以全天候为客户提供无空间限制的营销服务,最终达到占领更多市场份额的目标。

在整合性方面。企业可通过互联网将市场营销活动整体化,将收集商品信息、商品收款、售后服务这些步骤协同起来,利用互联网进行统一策划和协调,以完成企业的营销活动。通过向客户传递统一信息,避免了因传播不一致而产生消极影响。

在经济性方面。传统营销方式需要企业花费大量的人力、物力、财力进行宣传促销,而效果也未必能达到预期要求。但结合大数据、云计算等技术手段,分析消费者的购物喜好及倾向,对其进行理性引导,可避免传统促销活动所表现出强势推销的干扰,节省了大量的人力、物力、财力,提高了营销效率,实现精准营销。

三、电子商务模式下网络营销新理论

第一,网络整合营销。网络整合营销具有双向互动的特点,提高了顾客参与的主动性;第二,软营销。软营销是指在网络营销环境下,企业向客户传递的信息更加科学,促销手段更加合理,达到了营销整合的效果;第三,网络直复营销。网络直复营销是指生产厂家借助直接分销渠道销售产品,为客户提供网络营销服务,满足了客户的实际需求。

四、提升网络营销效果的策略

消费者导流。消费者注意力的集中时间与企业开展促销活动的刺激强度有关。一般来说,越新奇的东西越能吸引起消费者的注意力。每个人都有好奇心,反差感越大,好奇程度越深,对比越大,吸引顾客注意力的可能性就越大。"网红"的平民化表现形式更容易吸引粉丝,更具有亲切感、真实感,能更好地提升消费者导流效果。

拓展营销思路。企业若想满足网络消费者的购买需求,就应与消费者建立一种长期发展、互惠互利的关系,从而满足不同消费者的个性化需求。

采用会员制，激发购买兴趣。会员制不仅是为了给再次购买的消费者提供专享折扣，更多的是赋予消费者身份和品位的象征。会员制为运营者提供了盈利方式，能吸引消费者更多的关注度。

好内容，让搜索有热度。在保证产品合格的基础上，强化对产品质量的要求。假冒伪劣，一直是网络营销在消费者心目中的固定印象，需要从质量上下功夫，通过良好的用户体验扭转口碑。在价格上，应采取多种促销方式，形成立体化的定价策略。无论是传统营销还是互联网营销，用价格吸引消费者，一直都是较好的营销手段。

采用情感营销，提高消费者满意度。充分了解目标用户群体的心理诉求，不仅要站在卖家的角度看待问题，还要站在消费者的立场上，观察他们需要什么样的产品。可利用大数据技术，分析消费者的心理特征、行为习惯、过往消费记录，抓住消费者的消费心理。在产品推送和客服营销过程中，要加强服务的情感针对性，以提高消费者客户满意度。

经第十三届全国人民代表大会第一次会议审议批准，2018 年全国地方政府债务限额为 209974.30 亿元。其中，一般债务限额 123789.22 亿元，专项债务限额 86185.08 亿元。

完善推送设置，有针对性地进行推送，让粉丝产生依赖感。推送是维持用户黏性的一个好方法，将企业定期推送逐渐嵌入到消费者的日常生活，培养其的关注习惯，甚至是心理依赖。在形成客户群的过程中，逐渐扩展企业产品线，形成有针对性的产品组合，让其感受到服务的独一性，从而形成相对固定的消费群。

加强互动，鼓励消费者参与体验。互动性是互联网营销的天然属性。企业在营销过程中，除了要完成一般的客服答疑互动外，在产品介绍、功能展现、活动推广等方面，都要充分利用消费者互动性的特点，提高消费者的"主人"意识，摆脱传统营销给消费者带来的无力感。与消费者互动，可采用"线上＋线下"的模式，让体验更加具有真实性和趣味性。

在新技术、新观念不断涌现的今天，电商企业必须不断拓展营销思路，不能故步自封。企业在营销过程中，要时刻关注并分析消费者的消费心理及行为变化趋势，不断调整营销策略，从而保证电商企业的长久发展。

第七节　网络营销绩效评价研究

网络营销作为一种新型的营销方式，正逐渐地成为新世纪营销的主流，为此，网络营销的绩效评价也变得越来越重要，是企业今后面临的重大问题。本节在阐述网络营销绩效评价的意义及特点的基础上，提出了网络营销绩效评价的方式，帮助企业找出内部网络营销活动中存在的问题，为企业营销战略的完善奠定好基础。

网络营销绩效评价是指企业管理者运用一定的定量化和定性化的指标，对企业的发展能力和经营成果做出客观准确的综合性评价，以期总结和完善企业的网络营销活动。不同企业对自身开展网络营销评价的方法和指标都不尽相同，同一企业在不同时期评价的动机和目的也不同，但这并不影响网络营销评价的进一步发展，因为评价结果为企业管理者带来的价值正在日益突显。

一、网络营销绩效评价的意义

网络营销是企业整体营销策略的重要组成部分，是企业利用互联网的优势与特性实现一定营销目标的一种手段。在网络营销活动中，对网络营销绩效进行评价是一项不可缺少的工作。

（一）网络营销绩效评价有利于改善企业的市场营销

通过网络营销评价，企业能够获得各种专业的评价和数据的分析，比如用户的反馈意见和用户之间的交流意见等，而这在传统市场营销评价中是难以获得的。通过对这些信息的及时总结，能够把握企业当前的总体情况，发现网络营销活动中存在的问题，为企业经营管理者制定下一阶段的网络营销决策提供可靠的科学依据。

（二）网络营销绩效评价有利于提高企业知名度

客观合理地评价企业的网络营销有利于企业的宣传，提高企业在世界范围内的知名度，由权威机构评价或在知名网络营销评价网站上排名靠前的企业，还能更好的取得公众的信任。

二、网络营销绩效评价的特点

网络营销的定义。网络营销的定义有很多种，目前并没有权威的定义。在国外，网络营销通常被称为 Internet marketing（基于因特网（Internet）的市场营销）、Online marketing（借助于联机网络的网上营销）、Network marketing（网络上开展的营销活动）、E-marketing（互联网营销）、Web marketing（网站营销，如怎样推广网站，发展用户，通过站点与顾客沟通，保持顾客对站点的忠诚等）。在国内，也有一些学者网络营销进行了定义，主要包括：黎志成、刘满凤（2003）提出网络营销是指以互联网络、电脑通讯和数字交换式电信为媒体，以新的方式、方法和理念实施公司的创意和目标，完成产品定价、促销、分销等过程的全新营销活动。曲永政、王雷震（2004）提出网络营销是以现代营销理论为基础，以计算机网络、现代通信技术与信息技术为支撑，重组或创新营销活动全过程而形成的崭新的营销方式。综合以上国内外学者对于网络营销的定义，本节认为网络营销是指通过互联网进行的网络广告、电邮、网站推广等方式开展的营销活动。

网络营销绩效评价的本质与特征。网络营销的绩效评价是指依据统一的评价标准，按照一定的程序，通过借助一套定量化和定性化的指标体系，对开展网络营销的企业从各个方面进行客观、科学的综合评价。通过对企业网络营销绩效进行评价，不仅可以掌握企业网络营销运行状况，还可以了解到网络营销的运行效果，为企业的网络营销决策提供科学的依据。网络营销绩效评价的特征来自于网络本身的特征：互动性、虚拟性、对称性、快捷性、全球性。网络营销系统的绩效评价，必须充分考虑网络营销的特征，选择反映网络营销本质特征的指标，从而较准确地评估其经营业绩。在网络营销绩效评价过程中，应该强调信息流、资金流、物流和顾客流的整合。同时评价还应具有多目标性，既要追求较高的企业利润、市场占有率等最大化的定量市场目标，还要实现顾客满意、企业持续发展等定性综合目标。

网络营销绩效评价的原则。网络营销绩效评价的原则是选取指标的指导思想，指标体系的构建应该遵循目的性、科学性、全面性、实用性四方面的原则：

目的性原则：建立评价指标体系的目的就是要能客观、准确地反映营销的综合效果，为企业提供可用的决策信息；

科学性原则：所建立的指标体系应能客观准确地反映实际情况，以利于通过指标体系的核算与综合评价，找出与竞争对手的差距，成为自我诊断、自我完善的有力工具；

全面性原则：所建立的指标体系应能够完整地多角度、多层次反映企业网络营销的效果，不但要有进行纵向比较的指标，也要有进行横向比较的指标；

实用性原则：所设计的指标要有明确含义，指标的核算应以现有统计数据为基础，且指标设计要突出重点，尽量简化，从而使指标体系在实际中易于操作，切实可行。

三、企业网络营销绩效评价方式

对于网络营销绩效的评价，关键因素就是指标数据的测算，在分析时，需要采用综合集成法，分析与处理数据加权，为企业提供依据，就现阶段来看，常用的测算方式就是综合指数法，该种方式的准确性理想。

数据的统计与处理方式在评价企业网络营销绩效时，不能够只评价特定的时间点，需要综合评价一定时期中企业绩效情况，为了保障评价指标的可靠性与真实性，企业需要派遣专人来负责此项工作，采用咨询、调查与统计的方式来收集数据。此外，在统计与处理数据时，还可以积极借鉴其他企业的数据处理方式，并根据企业的实际情况增加或者减少数据，这对于提升评价工作的准确性有着十分重要的意义。

指标数据计算与评价方式、指标体系的建设需要遵循连续性与开放性的特征，在获取到相关数据之后，使用计算公式就可以得出指标层开放性数据。在确定指标后，可以得出具体的目标指标值，考虑到不同企业网络营销情况存在一定的差异，因此，评价指标中的数据权重可以根据企业的实际情况来确定。在得出目标指标值之后，即可来对比分类指标绩效，再使用统计学原理来计算基比与环比，对这一数据的成本指标进行分析。在进行横向比较式，需要将企业各项指标作为标准值，利用标准值与报告期数值即可得出比较值。

综合指数的评价方式在确定好绩效评价体系的目标指标值后，根据计算就能够得出综合绩效评价值，其内容有逆指标与正指标两个内容，其中，逆指标代表成本指标，数字越小营销结果越理想；正指标代表影响力指标，数值越大营销效果越好。在得出以上结论之后，管理人员要联合其他部门的人员对这些指标数据进行深入的分析，得出影响企业网络工作的主要影响因素，根据这些影响因素制定出科学可行的改善方案，再将这些方案落实到具体的营销过程中，做好对营销人员的培训与教育工作，提升他们的责任意识。只有通过这种不断的改进，才能够有效提升企业网络营销工作的效果，才能够为企业的发展奠定好基础。

总而言之，企业网络营销绩效评价体系的建立对于评价企业网络营销效果有着十分积极的效用，在建立网络营销绩效评价体系时，需要遵循客观性、独立性、操作性、连续性以及开放性原则，指标应该多方位反映出企业的网络营销成效。该种指标可以帮助企业管理人员明确影响其网络营销活动的各个因素，帮助他们找出内部网络营销活动中存在的问题，为企业营销战略的完善奠定好基础。

第二章　跨境电商的理论研究

第一节　跨境电商平台发展问题

科学技术和信息全球化的不断进步和发展，使电子商务业越来越受到广大人民群众的青睐，伴随着互联网技术的全球化，通过网络实现全球范围内的普遍联系，国际电子商务的发展速度也是与日俱增，跨境电子商务的发展已经成为促进我国经济发展的主要增长点，逐渐成为我国的一个经济支柱型产业，给外贸市场注入了新的活力。跨境电商对于促进我国经济发展，发挥了巨大的推动作用。基于此点，本节就跨境电商中出现的问题和现状进行研究和分析，进而对跨境电商发展中遇到的问题进行分析和阐述，并提出相关的意见和对策。

作为一种新型的经济增长模式，跨境电子商务的发展时间并不是很长，但却有着极大的发展前景和上升空间，无论是对大型上市企业还是中小型企业的发展都有着巨大的推动作用。抓住跨境电子商务的发展机遇，对于提高企业的知名度和经济效益的提升有着极大的帮助。跨境电子商务的发展，要求我们必须加快专业型人才的培养，建立完善的跨境电子商务法律法规和相应的关税系统，加强对跨境电子商务的监管力度，并建立健全跨境电子商务金融服务体系，使我国的跨境电子商务得到长远稳定的发展。

一、跨境电商概述

（一）跨境电子商务的定义

跨境电子商务的定义在百度百科中是指分属于不同关境的交易主体，通过电子商务的平台完成交易、进行电子支付结算，并且通过跨境物流完成商品交易的一种具有国际性质的商业活动。

（二）跨境电子商务的特征

全球性（Global Forum）。全球性是指通过网络将全球连接在一起，网络是无边界的媒介体，全球性和非中心化是其主要特征。与传统的交易方式相比，电商的一个重要特点是不受地理环境因素的制约，是一种没有边界的交易方式。用户利用互联网就不需要考虑跨越国界的问题，就可以将具有高附加值的产品和服务投放到市场进行交易。网络的全球性特征具备的最积极的影响便是实现了信息在最大程度上的共享。

无形性（Intangible）。跨境电商的无形性特征指的是可以利用网络进行虚拟的产品交易或是服务。网络的发展促使了数字产品和数字服务的盛行，数字化的传输模式是通过不同的媒介进行的，如声音、图像和数据等，可以在全球化的网络环境下集中进行，用于数字化的传输媒介在网络中以即可算计数据代码的形式出现，所以它是无形的。

匿名性（Anonymous）。由于跨境电子商务具有全球化和非中心化的特征，所以用户很难识别电子商务用户的具体地理位置和身份信息，在线交易的消费者对于自己的身份信息和地理位置往往会有所隐藏，因为在交易的过程中身份信息和地理位置丝毫影响不到交易的正常进行。

二、跨境电商发展中遇到的问题

（一）跨境电子商务法律法规不健全

跨境电子商务法律法规的不健全，严重阻碍了跨境电子商务的发展。主要体现在以下几个方面：

对于跨境电子商务的发展未能制定出相应的法律法规，使其健康有序的发展，会受到社会各界人士的猜疑和嫉妒。

跨境电子商务的发展需要良好的社会环境和广大人民群众的支持，部分人认为电子商务具有一定的欺骗性质，虚拟的交易方式给人一种不安全感，得不到社会各界的支持和认可，即使有政府的政策支持，也无法平息社会上的不支持意见。

受跨境电子商务自身特点的影响，如果不制定出相应的管控政策，会使偷税漏税的现象频繁的发生，使国家的财政收入受到影响，同时也会助长电商的一些违法行为的产生。

（二）关税系统与跨境电子商务不相适应

关税系统与跨境电子商务的不相适应，主要体现在未能形成完善的关税系统，关税是对进出口货物的一种查验和检测，防止走私违禁物品或是大宗货物流入国内，对社会安定造成一定的威胁。同时也是防止大宗货物的违法流入或流出，进而造成一定的经济损失，跨境电子商务具有即时性的特征，它可以通过网络进行数字化的传输，各种交易记录以计算机数据代码的形式呈现出来，这对于关税的收取具有很大的威胁，所以说关税系统亟须更新换代，以适应跨境电子商务的发展进程。

（三）监管政策不健全

监管政策不健全的现象主要源于不能制定出严格的法律法规，社会主义的安定和团结，离不开法律的支撑，同样跨境电子商务的健康有序发展也离不开法律的支持和保证。不健全的监管政策会使各种违法现象出现，如未经法律许可私自走私违禁物品，或是利用虚拟的网络交易平台进行各种地下交易等。监管政策的不健全主要体现在它的监管力度不是很大，政府对于跨境电子商务的监控只是停留在表面，对那些违法经营的跨境电子商务不予严厉的追究和惩罚，不能建立起一套完善的监管体制，并出台一套相应的法律法规用以约束跨境电子商务的日常经营。

（四）专业人才匮乏

任何一个行业的长远发展都离不开人才，所以说21世纪什么都不缺，缺少的只有人才，而且是有着专业技术的专业人才，跨境电子商务的发展离不开计算机通信技术的发展，而对于技术的研发，需要大量的专业型人才作为支撑。恰好跨境电子商务在发展过程中遇到了专业人才匮乏这一现象，主要原因是跨境电子商务终究是商业活动，懂得经商的人才，不一定晓得计算机通信技术的具体应用，这就造成了在电子商务发展的进程中出现不合理的现象，懂技术的不懂经营管理，精通管理的不懂技术，而跨境电子商务的发展需要的是既懂管理又懂技术的复合型人才。专业人才的匮乏极大地阻碍了跨境电子商务的持续发展，所以对于专业人才的培养，应该得到极大的重视。

（五）跨境电子商务支付体系不健全

跨境电子商务支付体系的不健全，会使交易双方在交易的过程中出现资金纠纷。由于跨境电子商务支付面临的是国际性的贸易，相对于国内的第三方支付平台系统更加的复杂，而且存在着诸多的问题。

国家政府并没有对第三方支付系统做出相应的法律法规的支持，也没有明确跨境电子商务支付的范围，加上监管部门的监督力度不够造成了跨境电商在支付上出现问题。

跨境电子商务属于跨境消费，各个国家及地区的汇率存在着差异，由于双方是通过第三方支付平台进行交易，就会使交易双方不能清楚地知道对方的金融发展状况，加上跨境电子商务的网络平台具有虚拟化的特征，这就使非法集资成为一种可能。

跨境电子商务的发展，使我国产生了众多的第三方支付平台，伴随着支付平台的开展，个别的非法机构乘虚而入，这就导致资金支付存在一定的安全隐患问题。

三、完善跨境电子商务的主要策略

（一）完善跨境电子商务法律法规

对于跨境电子商务法律法规的完善有着极其重要的作用，它可以消除来自社会上的各种舆论，促进电子商务行业的全面发展。

根据国内国际市场的变化，国家政府在宏观上制定出相应的发展战略计划，使我国的跨境电子商务行业可以健康有序的发展。

制定相应的奖惩机制，对于那些经营状况良好，按时交纳税收的企业予以一定的口头肯定或是政策扶持，促进其积极健康的发展电子商务行业；同时对那些不良的跨境电商进行严格的批评教育，情节严重的要采取法律措施。

积极鼓励跨境电子商务行业的发展，为其争取大量的政府补助和政策支持，促进跨境电子商务行业的良性发展。

（二）建立与跨境电子商务相适应的关税系统

关税系统的建立和完善，对于监管跨境电子商务的发展有着至关重要的作用。它的建立可以有效控制电子商务行业的发展步伐，到达与时俱进的效果。同样，建立与跨境电子商务相适应的关税系统，是为了适应快速发展的跨境电子商务行业。随着科技的进步，关税系统应该做到实时更新，可以对电子商务进行实时监管和控制。这就需要加大对关税系统研发更新的投资力度，使其可以跟上跨境电子商务发展的脚步，有效避免各种偷税、漏税、避税现象的频繁出现，合理维护我国的国际形象和市场秩序。

（三）加强对跨境电子商务的监管力度

加强对跨境电子商务的监管力度需要从源头入手：首先，应该建立健全完善的信用机制，因为跨境电商面临的是国际市场，它涉及的范围更加的广泛，所带来的影响也十分巨大，为了不影响到我国的国际形象，加强信用机制的建设极其重要。同时加大监管力度，因为跨境电子商务的消费具有国际性，而每个国家的实际情况有所不同，对于电子商务的监控力度也有所不足，所以政府应该根据自身的收集情况，对电子商务行业进行严格的监管，对于那些危害社会安全的跨境电子商务行业，予以严厉打击。

（四）培养专业的跨境电子商务人才

对于专业人才的培养，国家和政府应该加大重视度，从资金和政策上强化跨境电子商务人才的培养，时代的发展，需要人才的推动，电子商务的发展同样需要人才。储备大量的综合型人才，使其与时代发展、电商发展形成鲜明的呼应。出了国家的政策。资金扶持外，跨境电子商务企业也应通过自身的渠道，培养大量的专业性人才，积极开展自身的企业文化培训，提高员工的整体素质，以促进企业的长远发展。关于人才的培养，要注重其自身的能力以及是否具有培养的价值，可以对公司做出贡献。定期开展各种各样的专业培训，提高员工的专业技能和素质，在培养专业人才的过程中，不可急于贪功，忽视他们自身的发展空间以及企业的实际状况，要清楚地了解到这些人是否具有上升空间，可以为企业创造价值，进而减少不必要的资金投入。

（五）健全跨境电子商务金融服务体系

建立健全完善的跨境电子商务金融服务体系需要做到如下几点：

对于第三方支付系统的完善采取用户实名制的制度，要求用户在注册的时候要对其身份信息进行严格的核对审查，对那些采用虚假信息注册的用户不予通过，从用户这一方面降低电子支付的安全隐患。

第三方支付平台要不断地完善自身的各种服务体系，加大与各大银行之间的交流合作，让银行可以对电子商务支付的过程进行全面的监督，进而提高支付的双重安全性。同时，第三方支付平台也应加强自身技术的完善，防止各种病毒的入侵，确保支付环境的安全。

监管部门应该加大监管力度，发现第三方支付平台出现违规操作的现象要及时制止和处理，第三方支付平台与银行之间建立完善的跨境消费制度，以避免操作漏洞的出现。

跨境电子商务还处在一个不断发展进步的过程当中，为了适应多变的国内国际市场，应该加快我国跨境电子商务的进程，抓住这一发展机遇，迅速打响我国跨境电子商务的知名度，促进我国经济的持续增长。在发展跨境电子商务的进程中，不断开拓进取，引进先进技术，大力培养相关的专业性人才，使我国的电子商务在激烈的国际竞争中，取得巨大的优势和成就，成为我国经济发展的又一支柱型产业。

第二节　跨境电商产业价值链驱动

跨境电子商务是一种新兴的贸易方式，在我国取得迅速发展，对国民经济以及进出口贸易产生深远影响。本节以"国家跨境电商试验区"为视角，对跨境电商的价值逻辑、驱动因素进行分析，并提出价值链升级路径。

一、问题提出

李克强在《政府工作报告》中强调，要促进跨境电商等新业态发展，提振经济发展新动能。2012年，我国设立了第一个自由贸易试验区——上海自由贸易试验区；2015年，国家已经批准设立杭州、天津、上海、广州等13个跨境电商综合试验区；2018年，国家又新设22个跨境电商综合试验区，至此"国家跨境电商试验区"总数达35个。因此，基于"国家跨境电商试验区"营商环境创新治理的视角，研究"跨境电商产业价值链升级"问题具有理论意义与应用价值。

二、跨境电商发展研究现状与价值

（一）研究现状

国内对这方面的研究，主要集中在跨境电商模式、供应链重构、人才培养等方面。如，基于公共海外仓的跨境电商物流产业链共生耦合模式与机制，跨境电子商务对我国进出口贸易影响的实证分析，产业融合背景下的跨境电商与物流产业链融合发展分析，跨境电商公共海外仓服务价值共创动力机制研究,国际贸易融资对我国全球价值链提升的影响分析,价值链视角下跨境电商出口物流模式发展研究,基于空间统筹视角下跨境电商产业规划初探,跨境电商产业生态系统与发展对策研究,跨境电商产业发展与人才培养模式融合,跨境电商平台金融发展的逻辑及其金融功能深化(田剑英、王剑潇,2016),金融互联互通支持中小企业跨境电商发展探索——基于我国与"一带一路"沿线国家和地区经济发展的思考,产业转型视角下物流产业链与跨境电商的融合发展,国际贸易融资对我国全球价值链提升的影响,国际贸易融资业务对价值创造水平提升的实证研究,产品内分工下的加工贸易价值链提升研究。国外研究主要集中在影响因素、全球价值链分工等方面。

(二)研究价值

"国家跨境电商试验区"的探索发展,需要体制、机制的创新,需要营商环境、产业规章制度的有效供给,需要富有活力、平等的营商环境作为支撑,将促进跨境电商产业的价值链升级。具体价值是:

1. 提升跨境电商产业发展理论创新能力。目前,全球跨境电商每年以20%以上的速度增长。2011 ~ 2016年跨境电商的平均增速为30.8%,跨境电商在我国进出口贸易(尤其是出口贸易)中的比重逐渐上升。中国电子商务研究中心发布《2017年度中国电子商务市场数据监测报告》显示,2017年中国电子商务交易规模为28.7万亿元,同比增长24.8%;跨境电商交易规模为8.1万亿元,同比增长20.3%;预计在2020年,我国线上零售渗透率和总价值,将分别达到22%及10万亿元。2018年以来,跨境电商行业迎来利好,"进博会"及相关政策出台,促进跨境个性化、高品质的消费需求发展潜力释放。据艾媒咨询数据显示,2018年中国跨境电商交易规模达到9.1万亿元,同比增长11.6%;用户规模超1亿元。

快速发展的跨境电商产业,其动力机理、供给侧制度改革、综合治理创新能力都需要相应理论先行和支撑,可以提升跨境电商在多边贸易框架下的产业链、全球价值链自主可控能力及产业竞争力,对跨境电商营商环境创新治理能力和创新治理路径优化提供理论依据。

2. 提升跨境电商产业发展核心竞争力。《中国跨境电子商务发展蓝皮书》显示,跨境电商已成为国际贸易的重要支撑。例如,作为传统制造业中心的长三角,具有产业发展的先天优势,"领跑"了跨境电商发展。其中,跨境电商企业数量,江苏、上海、浙江分别位列第二、第四、第五位;跨境电商交易额,江苏、浙江、上海位列二至四位。在跨境电商产业发展过程中,江苏提出要加快产业转型升级,鼓励扩大先进技术设备和关键零部件进口,推动高新技术产品和产业走出去,以产业升级撬动跨境电商转型升级。

跨境电商产业是现代产业体系的"动脉"产业,对跨境电商的深入研究,需要结合"国家跨境电商试验区"的创新实践,对跨境电商产业链驱动下的国际贸易价值链位势提升路径进行研究,促进我国跨境电商多边贸易发展,提升跨境电商全球价值链的国际控制力及国际贸易价值链向高端环节攀升，对我国国际贸易结构调整和转型升级起到推动作用。

3.提升跨境电商产业发展综合治理能力。我国大力促进跨境电子商务的发展，在跨境电商的政策方面，以"促进＋优化"为策略，加大法律体系、市场体系、诚信体系等支撑体系建设；创新制定针对跨境电子商务发展的通关、商检措施，使跨境电子商务的监管符合信息化与智能化要求，逐步建立起政府与行业、制度与规范、普适与专项相结合的多层次监管体系；加大与主要跨境零售出口市场在数据流动、市场准入方面的协同，支持通过现代化物流技术、区块链技术实现跨境产业便捷化，构建起优质、高效、创新、诚信的可持续发展跨境电子商务高效治理生态圈。这些创新举措，需要"国家跨境电商试验区"营商环境的治理创新及"放管服"供给侧改革，探索出高效的创新治理路径与对策。

三、跨境电商产业发展驱动因素

世界银行发布的《全球营商环境报告2020》指出，中国营商环境全球排名继2018年从此前78位跃至46位后，2019年再度提升，升至第31位，跻身全球前40，连续两年入列全球优化营商环境改善幅度最大的10大经济体。在跨境贸易指标中，通过实行进出口货物提前申报、升级港口基础设施、优化海关行政管理和公布收费标准等措施，简化进出口程序，建立了具备"通关＋物流"功能的国际贸易"大平台窗口"。跨境贸易指标上升9位，位列全球第56位。发展过程中，其驱动因素包括：

（一）政策红利驱动

2013年，《国务院办公厅关于促进进出口稳增长、调结构的若干意见》（国办发〔2013〕83号）指出，积极研究以跨境电子商务方式出口货物（B2C、B2B等方式）所遇到的海关监管、退税、检验、外汇收支、统计等问题，完善相关政策，推动跨境电子商务发展；《关于实施支持跨境电子商务零售出口有关政策意见的通知》（〔2013〕89号）指出，确定电子商务出口经营主体，实施适应电子商务出口的税收政策，建立电子商务出口信用体系。2014年，《关于支持外贸稳定增长的若干意见》（〔2014〕19号）指出，支持外贸综合服务企业发展，出台跨境电子商务贸易便利化措施。2015年，《关于加快培育外贸竞争新优势的若干意见》（〔2015〕9号）指出，要大力推动跨境电子商务发展，积极开展跨境电子商务综合改革试点工作，培育一批跨境电子商务平台和企业，大力支持企业运用跨境电子商务开拓国际市场。鼓励跨境电子商务企业通过规范的"海外仓"等模式，融入境外零售体系；《关于大力发展电子商务加快培育经济新动力的意见》（〔2015〕24号）指出，要以互联网电子商务经济促进经济发展；《关于积极推进"互联网＋"行动的指导意见》（〔2015〕40号）指出，到2018年，互联网与经济社会各领域的融合发展进一步深化，网络经济与实体经济协同互动的发展格局基本形成。《关于促进跨境电子商务健康快速发展的指导意见》（〔2015〕46号）指出，要支持各地创新发展跨境电子商务，引导本地跨境电子商务产业向规模化、标准化、集群化、规范化方向发展。2016年，《关于深入实施"互联网+流通"行动计划的意见》（〔2016〕24号）指出，"互联网+流通"将加快互联网与流通产业的深度融合，将推动流通产业和电子商务产业的转型升级。另外，国家部委也相继发文规范和促进跨境电商的发展。2018年以来，跨境电商行业迎来政策性利好，电商法及跨境电商系列政策的出台促进了跨境电商行业发展。此外，提高个人跨境电商消费限额、"国家跨境电商试验区"的扩容，为跨境电商产业高质量成长营造了良好的营商环境。

（二）平台运营驱动

跨境电商平台主要有B2C、B2B、C2C三种商业模式。专家预测跨境电子商务可能是未来成为主流的国际贸易模式，是我国外贸经济的主要驱动力。国际B2C跨境电商平台主要有速卖通、亚马逊、eBay、Wish、兰亭集势、敦煌；进口跨境电商平台主要有洋码头、天猫国际、苏宁云商海外购，以及网易考拉海购；国际本土化跨境电商平台：Flipkart印度、walmart沃尔玛、yandex俄罗斯、newegg美国新蛋网、trademe新西兰、mercadolivre巴西美兰卡等。

跨境电商平台开设线下体验店，将渠道从线上发展到线下，开启"线上+线下"全渠道模式。艾媒咨询分析师认为，这种模式能够将线上产品信息与线下用户体验相结合，拉近与用户之间的距离，提高用户互动频率，促进用户购买，可以提升品牌知名度，促进跨境电商产业发展的价值链的升级；跨境的"海淘"用户愈发重视商品品质，溯源体系的建设、完善以及正品"保障度"成为跨境电商企业赢得客户和持续发展的关键。

（三）供应链整合驱动

跨境出口电商已进入稳健增长阶段，供应链升级是跨境出口的重要推动力量。跨境交易中，电商的交易达成可以通过互联网信息平台进行，但最终货物的转移仍然离不开现代物流。跨境物流运输是跨境电子商务活动的最终环节，也是关键环节。

从实际跨境物流来看，集装箱海运适用于跨境大额贸易，而普通国际快递、跨境B2C企业集运、第三方物流仓储集运和海外仓储等方式更加符合跨境电子商务活动的商品运输需求。跨境电商企业加强在人工智能和大数据技术在跨境电商供应链中的应用，智能机器人分拣中心、自动化智能物流仓库、人工智能客服、基于大数据的精准消费分析等先进技术，可以降低跨境企业的人工服务成本，持续助力跨境电商行业发展与价值实现。跨境电商企业与国外品牌的合作，不断强化对其上游供应链的整合与管理，物流仓储等配套服务进一步降低物流运输成本与仓储成本，跨境电商平台之间的竞争逐渐由原来的销售竞争向供应链竞争转变。

（四）支付创新驱动

在跨境电商发展中，便捷支付是关键，但是目前没有一家企业可以打造一个全球通用的支付体系，从发展趋势来看，支付场景丰富化、便捷化、安全高效的支付渠道会受到用户的信赖。第三方支付平台受到了越来越多的认可，赢得了用户信任。我国金融政策的宏观引领，一定程度上促进了跨境电商支付方式的变革，大型电商进行跨境电商支付渠道建设，构建一个便捷、稳定且安全的支付渠道成为跨境电商提升价值链的主要措施。但是，我国跨境支付方式与国际跨境支付主流渠道比，在境外支付领域中的影响还较小。由于跨境支付平台没有很好地嵌入跨境检验和关税因素等监管环节，假货、维权困难、捆绑搭售等乱象滋生，一定程度上制约着支付方式变革驱动跨境电商价值链的升级，支付方式创新及区块链技术在跨境支付方面的应用是驱动跨境电商发展的重要力量。

四、跨境电商产业价值链升级路径

（一）品质化 + 专业化

跨境出口电商发展趋势是传统外贸制造业企业与互联网结合的转型，线上线下 O2O 加速了融合；竞争由价格优势向服务提升、品牌化转变，人力、物力成本优势减弱、商品价格优势降低；跨境电商品牌从海量销售向以精品、爆款销售为主，运营模式的精细化运作将成为主流；大数据将成为各类电商平台提升精细化运营能力的主要手段；由流量争夺转向服务体系的竞争，竞争点以提高销量、抢占更多市场份额为主；跨境电商企业及相应的服务商向产业链、价值链的高端环节不断延伸，加速建设本地化的供应链服务体系；跨境进口电商发展趋势是跨境消费不断普及、趋向品质化、走向规范化，消费者从以往价格敏感转向了品质敏感，越发关注商品的品质。跨境出口 B2B 品牌化日益被重视，加大技术与产业创新，打造技术领先、性能优异、用户体验好的产品，孵化更多的"出海"品牌或企业已成为出口电商的主打战略，加快产品全球品牌化建设，通过品牌溢价来提升跨境电商产品价值链位势。

（二）"互联网 + 智慧物流"

电商对产业发展的渗透率不断提升，传统国际贸易加速转型，驱动着跨境电商爆发性增长；在多边贸易逻辑下，减少了国际贸易摩擦，提升了多边贸易成效，跨境电商平台取得长足发展，各大平台公司在当地及国际区域建立"海外仓"，是跨境电商智慧物流的支撑战略，是跨境电商国际产业布局和价值链跃升的重要路径。2018 年开始，跨境电商企业自建独立"物流站"趋势明显，通过自建独立的"物流站"方式，可以更好地服务于当地用户，增强客户黏度。跨境电商的核心竞争力支撑要素之一，就是高效、便捷的智慧物流，"互联网 + 智慧物流"体系建设的优劣，将决定着跨境电商产业参与全球价值链分工的国际竞争力。

（三）产业链融入 + 协同

我国着力建设高水平的开放型经济体系，跨境电商产业发展有着广阔的空间。跨境产业发展融入全球价值链协同合作，参与"一带一路"倡议项目的分工，可以提升跨境电商产业化创新水平，提高价值链参与国内外市场竞争的能力，提高跨境电商产业、企业高质量发展水平，提高"国家跨境电商试验区"的创新治理能力，增强全球价值链新"链主"的发展壮大，从而提高跨境电商产业在全球价值链中的位势与控制力，有利于打造全球价值链的"中国朋友圈"。全球价值链的各方利益诉求是共赢的，而我国作为产业发展的后发优势国家，尽管在很多方面已显示出世界一流水平，但在全球价值链、产业链、创新链及供应链等环节上，资源要素的集聚能力还是不强，跨境电商产业的整个"链条"统领性有待提高，需要融入全球产业链协同共治、共享，进行产业的横向联合和价值链的纵向整合，培育及壮大国际市场，提升全球市场占有率，促进价值链不断成长升级，进一步提升跨境电商产业开放度，主动对接国际标准，研发引领性的技术、标准及工艺，用"中国模式"培育我国主导的新的跨境电商产业链与价值链领域。

国家强化"国家跨境电商试验区"的功能，推广复制创新经验，主动参与国际组织关于电子商务规则、条约、标准的研究和制定，鼓励各类跨境电子商务综合服务商发展，鼓励电子商务企业走出去建立海外营销网络，鼓励国内企业与境外电子商务企业联合运营。通过跨境电商产业品质化＋专业化、"互联网＋智慧物流"、产业链融入＋协同等路径的推进，可以促进跨境电商产业的供应链、价值链和资源链的协同发展。

第三节　"跨境电商＋服务中心"模式

现阶段正值我国脱贫攻坚任务最重要的时期，跨境电商已成为各级政府帮助地区人民实现脱贫致富的主要方式和途径。尽管有非常多的模式用以和跨境电商结合，但是在服务于贫困人口的深度和广度上都稍显乏力。而本节所提出的"跨境电商＋服务中心"模式可以很好地解决这些问题，帮助产品上行，促进贫困人口增收，更好地助力脱贫攻坚。因此本节将就"跨境电商＋服务中心"模式的运作机制、促进乡村地区跨境电商的发展、助力脱贫攻坚等展开相应的讨论。

乡村地区从事农产品生产的人口较多，但农民对各种生产产业了解不足，形成市场经营主体困难。在这种背景之下，采用"跨境电商＋服务中心"模式，利用跨境电商技术，整合各方资源，将很好的推动我国乡村地区的经济发展的市场化、现代化。所以，研究和细化服务中心的理念，是一个有研究价值的课题。

一、构建"跨境电商＋服务中心"模型的意义

大大提高乡村地区发展跨境电商的深度和广度。在众多乡村发展跨境电商的模式中，我们不难发现跨境电商服务的深度和广度还是不够，很多县的跨境电商只着重于发展已经

形成一定规模的品牌和产品。那些没有从事规模产业的农民很难感受到跨境电商带来的好处，他们可能仍卡在贫困线下。但"跨境电商＋服务中心"模式完全可以提供这种深度和广度。服务中心能提供可信赖的电商平台，帮助农民生产加工的各种各样的产品找到市场。除此之外，后续在技术、资金上服务中心也可以对其有所支持，可以全方位成体系的为农产品个体户提供所需要的各种服务。

推动我国乡村地区的经济发展现代化。目前，我国仍是农业大国，农村经济在我国国民经济中占有重要的地位。随着科学技术的进步，传统的经营模式和发展理念在当下稍显不足，跟不上乡村地区经济发展的需求。而跨境电商可以提供乡村地区和世界市场之间的桥梁，并且加上服务中心所提供的一系列保障服务，可以更好地推动我国乡村地区经济发展的现代化，助力乡村振兴。

二、"跨境电商＋服务中心"模型运作机制

鉴于该模型在乡村振兴战略上具有积极的促进意义，那么研究该模型是怎么样运作的以及怎么样更好地服务于地区发展跨境电商是非常有价值的。因此，将具体介绍该模型的运作框架以及相关保障机制。

（一）运作框架

"跨境电商＋服务中心"模型所涉及的主体包括农产品个体户、服务中心（政府机构）、跨境物流。农产品个体户是该模型主要的服务对象和获益者。服务中心是一个专门办理乡村跨境电商业务的一个政府机构，用来满足地区发展跨境电商的各种需求。跨境物流是实现跨境交易的基础支撑，物流的水平和交易双方对物流的满意度会直接影响跨境电商的发展。

其中服务中心是整个模型的核心，提供平台搭建、人才培养引进、政策支持、金融保障等服务。本模型的平台搭建是由政府牵头，电商企业参与来共同完成。政府与电商巨头企业签约，购买平台搭建的服务，既节约资金，又效率显著。电商企业则可以得到政府的支持甚至补贴，并且所获得的业务也会给其带来很大的利润。人才培养主要是培养高素质、具有创新精神的跨境电商专业人才及农产品技术人才等。政策支持主要是制定利于农产品跨境电商发展的政策法规，同时加强农产品的质量监管，投入资金建设相应的基础设施。金融支持主要是完成跨境支付，实现个体户与消费者之间的资金流转，并确保用户的个人信息安全及资金安全及为个体户的发展提供相应贷款。

（二）主要运作机制构建

随之而来的就是解决三大主体之间的不平衡、不对等的问题，因此建立协同机制来保障模型的运行：

1.线上线下协同机制。线上部分建立跨境电商平台进行网络营销，并规模采集线上用

户信息和交易数据，开展对所采集数据的分析和应用，以了解消费者偏好和市场发展趋势。一方面，使跨境电商平台与服务中心行政机构形成利益共同体，共同进行产品和品牌的宣传推广；另一方面，让跨境电商平台为消费者提供实用的产品介绍、便捷的在线支付、真实有用的买家评价等优质的在线服务。在线下，服务中心可以办实体商品交流会，让消费者切实的了解产品，提升购物体验。线上线下的协同运作是跨境电商高效运作的重要保障。首先，应做好产品的协同，使线上产品描述和线下产品形成一致的同时提升线下产品上线率，以满足消费者的需求；其次，应做好价格协同，缩小线上与线下的价格差距，并稳定线上线下价格；最后，是物流信息协同，跨境电商平台按消费者需求提供实体门店自取或物流配送上门等服务。

2. 服务中心与跨境电商平台之间的协同机制。服务中心与跨境电商企业之间的协同机制包括监管机制和鼓励机制。监管机制主要是政府针对跨境电商这一行业的特点而建立的与之相适应的市场监管制度，主要是对电商交易方和电商平台的监管。跨境电子商务平台交易种类繁杂，因此需要政府整合各部门资源，建立更有效的联动监管体系。与此同时需要加强电子商务交易信任机制的公权保障和健全相关法律体系，来净化电子商务市场。鼓励机制是政府提供相关政策和措施来鼓励支持跨境电商企业积极地参与地区跨境电商行业的发展，助力乡村振兴。例如政府可以和跨境企业合作建设地区跨境电子商务平台（豫货自营电子商务平台）、提供金融支持、专项补贴等，让跨境电商更加积极的深入乡村地区，助力脱贫攻坚。

3. 跨境电商平台与物流的协同机制。农产品的跨境流通包括我国的境内物流、国际物流及输入国物流、海关、分拣、仓储、税务、仓储等多个环节，有时还会出现跨境逆向物流，退换货的问题。为了提高乡村跨境电商物流的效率，必须构建跨境电商平台与跨境物流协同机制，促使乡村跨境电商与跨境物流之间建立战略合作联盟，形成利益共同体。同时应完善物流网络体系、健全冷链保鲜技术，运用智慧物流，物联网等技术统筹安排国内外运输、仓储及配送等。跨境电商平台应该建立自己独立的海外仓，在销售地进行货物包装、分拣、仓储和派送的一站式控制与管理，不仅大大地降低了物流成本，提升跨境物流服务品质；而且形成物流、包装、配送等的一体化，提高农产品物流效率。最后，构建一个完善的物流信息平台，便于全程追踪监管货物动态，为消费者提供保障。

四、"跨境电商＋服务中心"模式的保障措施

基于我国跨境电商行业发展的现状分析，"跨境电商＋服务中心"模式的发展仍需要面临很大的挑战。跨境电子商务行业作为近几年的新兴行业，对相关知识的匮乏导致很多人对于这个行业望而却步，从而在很大程度上影响着其发展。而政府的注重规模产业发展忽略小规模产业又从一定程度上阻碍了人们对这条新路径的探寻。为了保障"跨境电商＋服务中心"模式的发展需要，加强人才培养，确保人力资源，提供金融保障，加大跨境电

商知识普及，加强政府支持和监督。

加强人才培养，确保人力资源。专业人才的不足在很大程度上阻碍了跨境电商的发展，因此我们急需一批懂知识有能力的精英来保障其发展。在电子商务人才培养的方面，我们主要侧重于两种方式。第一，差异化培训。因为地域之间各有各的特色，所以我们需要因地制宜地进行差异化培训。聘请专业人员对不同地区的农村跨境电商经营者进行不同程度、不同侧重的培训，弥补其在技术上的短板。同时，对经营管理较好的电商企业进行奖励以树立一批行业模范，来增强普通从业者的积极性；并且可以请他们开展一些经验讲座来分享他们在发展中的经验；第二，校企助力（联系各大高校和电商巨头企业助力农村跨境电商的发展）。各大高校可以为农村跨境电商批量化输送专业性强的人才，为农村跨境电商带来技术上支持的同时帮助农村跨境电商进行市场营销，帮助产品更好地适应市场。而电商巨头们可以为农村地区提供更为宽广的市场资源，保障其发展。

提供金融保障。发展资金缺乏大大阻碍了乡村跨境电商的发展。针对这个问题，第一，政府部门制订相关政策以给予其资金支持，向乡村跨境电商发展进行政策性倾斜；第二，金融机构适当放宽审核条件，尽可能多的提供资金支持；第三，号召本地区发展较好的有为人士回乡，带动发展。

加大跨境电商知识普及。针对农村人对跨境电商的知识匮乏问题，应安排知识分子和创业导师下乡宣传、演讲，使农村人对跨境电商具体内涵和模式有基本的认知、扩宽眼界。让有识之士看清未来发展趋势，并鼓励他勇于创业。

加强政府支持和监管。"跨境电商 + 服务中心"模式的发展不能缺失政府的支持和监管。首先，政府部门应制定利于农产品跨境电商发展的政策，构建"政府 + 跨境电商平台 + 个人"的三级风险管控机制和农产品跨境电子商务信息共享机制；其次，加全农产品个体户经营主体的备案登记管理制度，并简化农产品对外贸易经营、报关、出入境检验等相关手续。同时应构建严格的农产品质量监管体系和可追溯体系。国外的消费者更加注重农产品的品质，因此应尽快建立完善的跨境农产品质量认证制度、质量可追溯体系等来保障产品质量，增强我国农产品的市场竞争力；最后，投入资金，扶持农产品个体户的发展，加强县、乡、村三级电商物流体系建设。

从现今各地区跨境电商产业的发展来看，"跨境电商 + 服务中心"模式无疑为乡村地区跨境电商的发展提供了一条有效可行的道路。无论是在广度和深度还是其他问题上来看，该模式都能切实解决广大人民群众在该行业所遇到各种难题和跨境电商行业发展的壁垒。因此，在全国农村范围内开设跨境电商服务中心具有非常实用的意义，相信在政府，电商平台以及广大农民的共同努力下，农村跨境电商之路会更好。

第四节　跨境电商人才需求分析

在跨境电商快速发展过程中，对于跨境电商的人才需求缺口越来越大，为更好地了解当前跨境电商人才需求状况，满足企业对跨境电商人才的要求，需要加强对跨境电商人才需求情况进行分析，通过合理的方式，对跨境电商人才进行培养，进而让跨境电商人才更好地满足跨境电商核心岗位要求和缺口问题。

为更好满足电子商务企业对跨境电商人才的需求，需要加强对跨境电商人才需求企业进行全面分析和调研，了解跨境电商企业在人才方面的需求特征和现状，结合跨境电商企业对于人才的需求，具有针对性的对跨境电商人才进行培养，全面提高跨境电商人才的综合能力和综合素质。

一、跨境电商人才需求分析

随着网络技术的不断发展，跨境电商中小型企业对复合型跨境电商人才需求量大幅增加，跨境电商企业对跨境电商人才需求主要包括以下几方面：第一，跨境电商中小型企业对人才需求缺口越来越大，在跨境电商中小型企业发展过程中，很多公司全面发展跨境电商业务，在这些业务当中对于跨境电商人才需求水平大概以100%的情况增长，从事跨境电商外贸业务的员工不仅要求掌握国际贸易、市场营销和电子商务相关理论知识与技能，还要有较高的外语应用能力目前复合型跨境电商人才匮乏已经严重制约了我国跨境电商企业的发展；第二，跨境电商企业在发展过程中，企业岗位逐渐增多，不同的岗位需要不同的跨境电商人才，比如，跨境电商运营、跨境电商销售以及跨境电商客服等，要求跨境电商管理型人才，不仅具有网络营销和客户管理能力等，还要在管理过程中具有平台规划、建设以及运营经验，还会结合当前跨境电商企业的发展现状来对市场情况进行分析，要具备高度的市场敏感度，还要精通必要的英语、德语等；第三，跨境电商人才需求不仅包括在管理型人才方面，对于人才的需求，还包括专业性和商务性人才方面，比如，专业性人才需求包括网页设计师、技术人员以及计算机类专业人才等，还要具备一定的专业知识和学历。商务型人才需求，要求商务型人才既熟悉平台运作规律，还要会对产品、营销以及推广，善于与他人进行语言沟通，能够对国际贸易和电子商务进行整合。

二、基于跨境电商人才需求的跨境电商人才培养策略

（一）加强基层及基础知识培养

为更多地向企业培养出符合企业发展的跨境电商人才，需要在培养跨境电商人才的过

程中加强对其基层及基础知识的培养，从最底层的基础知识抓起，结合相关企业核心岗位对于跨境电商人才需求和要求，全面对跨境电商人才进行综合化培养。一方面，在教育的过程中，需要加强对学生市场宏观分析能力、熟悉产品以及平台政策等方面能力的培养，不断丰富学生的专业知识和理论知识，还要在实践教学中加强对学生计算机操作能力和外语等基础能力的培养，不断丰富学生电商专业学习的知识面。另一方面，在培养跨境电商人才的过程中，还要加强对学生国际贸易实务、消费心理学、网络营销、小语种的培养，全面提升跨境电商人才的多方面能力。除此之外，要加强对学生跨境电商英语口语和英语函电等课程的详细讲解，不断巩固和增强学生对计算机基础知识和商品知识的了解，提高学生对跨境电商岗位的正确认识与理解，进而达到跨境电商人才培养目标。

（二）创新跨境电商人才培养方式

在培养满足电商企业需求的跨境电商人才时，不仅要加强对基础知识的培养及巩固，还要积极创新跨境电商人才培养方式，加强对学生理论知识联系实践能力的培养，增强对学生跨境电子商务实务等相关课程的教学。首先，学校可以采用开通跨境电商人才培养的实训软件平台，通过网络平台对学生进行实践能力的培养，网络实训课最好与亚马逊、Ebay、Wish等多个网络平台相结合，加强对学生跨境电商实务课程的练习和教学；其次，为更好地锻炼学生实践操作能力，需要在创新跨境电商人才培养方式的过程中，积极引进合作企业产品，加强对学生实践平台的建设，让学生在网络实践平台进行自主学习，学会开通速卖通账号，以及在网上进行产品销售等，加强对学生动手能力和实践能力的培养。在教学的过程中，也可以让学生提供产品发布更新和邮件处理等管理服务工作给阿里巴巴等电商平台，令学生在实践操作过程中更好地了解专业知识和掌握各项技能，不断促进学生综合能力和实践能力的提升，为学生将来工作和发展奠定良好的基础。

（三）深化学校与企业之间的合作

在培养跨境电商人才的过程中，提高跨境电商人才培养质量和效果，需要学校加强与企业之间的合作与交流，在与企业合作的过程中共同制定跨境电商人才培养方案，结合当前企业和市场对跨境电商人才需求特征，共同开发相关课程和课程资源，加强对跨境电商有针对性的培养及训练。在学校与企业合作的过程中，学校可以采用项目教学法、任务驱动教学法等，全面对学生专业知识和专业技能进行培养，让学生所学的知识和技能更好地与岗位零对接。校企合作过程中，学校可以与企业共同构建双师团队，根据学校的课程体系和办学特色来共同建设实践基地，为学生提供真实的学习环境，充分发挥校企合作过程中的育人功能和提高校企合作育人效果。此外，校企合作过程中，企业要积极向学校和学生提供货源，或者让有经验的跨境电商工作人员到学校对学生进行培训和教育，也可以让学校推荐毕业生和实习生到企业进行顶岗实习，让学生更好地了解电子商务、国际贸易以及网络营销策划等岗位的工作。

总之，随着全球电子商务日渐成熟，了解跨境电商企业对于人才的需求，可以让学校对电商人才的培养更加具有针对性，让对人才的培养流程和环节更好地与企业发展相结合。

第五节　跨境电商与国际贸易

随着经济的高速发展，科技水平（网络技术）的不断进步，互联网用户的不断增加，网络覆盖面不断扩大，跨境电商随之快速发展，原先企业都是在做线下的交易，现在开始线上交易。跨境电商作为今后社会发展的主流，是传统企业向新兴企业转变的契机。全球化的加快形成使国际贸易面临许多挑战。因此，在了解跨境电商对国际贸易有何影响，探索如何促进跨境电商的创新和发展，如何给传统企业带来转机、带来新的气象、适应时代发展的潮流具有重要意义。

一、国际货物贸易现状

（一）国际贸易的概念

从一个国家的角度看待国际贸易就是对外贸易。国际贸易是指世界各个国家在商品和劳务等方面进行的交换活动。它是各个国家在国际分工的基础上相互联系的主要形式，反映了世界各国在经济上的相互依赖关系，是由各国对外贸易的总和构成的。

（二）国际货物贸易发展现状

2012 年，我国货物进出口达到 3.8 万亿美元，已经超越美国，成为世界上第一的贸易大国，但是货物贸易发展前景仍然不被看好。到 2013 年，中国货物进出口达到 4.16 万亿美元，同比增长 7.6%，是世界首个货物进出口贸易数额超 4 万亿的国家。至 2014 年，面对复杂多变的国内外经济形势，我国政府陆续出台各类政策，来推动促进进出口的增长。到了 2015 年，我国又达到了近 4 万亿美元，说明我国在货物进出口这方面有了很好的发展趋势。同时，我国也应加快企业转型，加快产品优化，加快新型贸易方式探索。

二、跨境电商发展现状

（一）跨境电商的概念

跨境电子商务是指分属不同关境的交易主体，通过电子商务平台达成交易、进行网上支付结算，并通过跨境物流送达商品、完成交易的一种国际商业活动。

（二）跨境电商的特征

在互联网这个大环境的背景下，跨境电商具有全球性、无形性、匿名性、即时性、无纸化和快速演进等特征。这些特征促使电子商务不再拘泥于地域、形态、时间以及空间上的限制，但是它也为传统企业带来了危机，为一些不法商家提供了空子。

（三）我国跨境电商发展现状

我国电子商务的交易额在逐年递加，快速增长。2015 年，电子商务交易数额达到 18.2 万亿元，其中跨境电商所占比重已达到 30%。据商务部数据统计，2011 年，我国跨境电商交易数额约 1.7 万亿元；2012 年为 2.1 万亿元；2013 年达到了 3.15 万亿元，凭借着这样的增长速度，2016 年极有可能增至 6.8 万亿元，年增长值保持在 30% 左右，远远高于国际贸易的增长速度。

三、跨境电商兴起的原因

我国是一个劳动密集型的国家，是世界上最大的制造地，而中小企业正是我国这些制造的具体地方，尤其是在"十二五"期间，电子商务被列入到战略性新兴产业的重要组成部分，将成为下一阶段信息化建设的重心。因此，促进中小企业的发展，也就可以促使贸易方式的转变。

传统企业的贸易方式制约了国内中小企业的发展。过分依赖于实体店，买家的需求封闭（不能被路程较远的消费者所熟知），导致利润低、成本高等问题长期存在。

跨境贸易进入转型期。供应链理念的广泛运用，使得生产制造企业，尤其是一些跨国企业的采购方式发生变化，转向零库存管理；同时随着消费者消费习惯的转变，从实体店购买转向网上购买，促进网上第三方交易的发展。同时，做第三方服务的企业在逐年增多，而且我国的货物也在倾向于外销，利用自身的平台把商品更好地展示给海外，做到从线下到线上交易方式的转变。同时订单的来源也不再过于单一，倾向于单小频率多。

全球经济一体化。随着 21 世纪，电脑、手机逐渐被大多数人所使用，网络也全面覆盖。由于跨国企业的扩张，生产、销售也开始一体化，加快了全球一体化的进程。相对应的服务业顺势发展，逐渐发展成全球化，并开始逆向发展到发达地区。WTO 中各国家之间或各政府之间签订各类自由贸易协定和各种政策去扶持企业的发展，相信在这几方的帮助下，全球信息和商品等流动会更加自由，从而促使跨境贸易日益频繁。而且在近几年全球化进程日益加深，消费习惯和行为发生着改变，电子商务将成为跨境贸易转型的必然选择。

电子商务逐渐由国内向国际拓展。电子商务是建立在互联网平台上，具有全球性，向全球市场拓展是电子商务自身的必然发展。自从 2008 年以来，经历了经济危机之后，美国等发达国家的电子商务持续呈现上升趋势，电子商务的便利性也逐渐被人们所熟知，也可以更好地满足消费者和企业的需求。根据 eMarketer 公司的数据，我们可以知道中国的电子商务交易额正在超越美国的，并且上升趋势也较于陡峭。但在一些偏远地区的网购还没有渗入到人们的生活中去，像印尼只有 10% 左右，印度为 25%，中国也只是过半。所以，在亚太地区新兴国家的电子商务增长率远超过其他地区。同时在 2012 年我国第一次超过西欧，成为世界第二大市场。与此同时，电子商务的相关技术逐渐成熟，网上支付、电子广告、网上银行等应用逐渐完善，相关基础设施和法律体系逐渐形成，尤其是互联网建设在全球的普及上，从而促使贸易便利化。

四、跨境电商对国际货物贸易的影响

跨境电商对国际贸易的影响既是深远的，也是多方位的。

跨境电商拓展了国际贸易的市场。在传统的国际货物贸易中，会受到地域、风俗习惯等影响，造成国际贸易发展缓慢。但随着网络的兴起与普及，促进电子商务的发展，打破地域的限制，从而使买卖双方足不出户就可以完成交易，这就为国际贸易的发展打开了缺口。现实贸易与虚拟贸易的相结合可以使市场空间更大，各国之间的经济交流更强。同时，跨境电商的发展还节约了成本，缩短了时间，使中小企业在面临强大的竞争时更具优势。

跨境电商创新了国际贸易的交易方式。随着跨境电商的兴起与发展，不仅改变了传统企业的贸易方式，也创新了国际贸易的交易方式，改变了支付方式，网上付款与网上交易节约了交易时间与成本，提高了国际贸易的经济效益。但同时也存在着一些安全问题，如信息易被泄露。

跨境电商改变了国际贸易的经营模式。在电子商务这个环境下，随着交易方式和交易环境的改变，国际贸易的经营模式也必将发生改变。这种经营模式的改变包括了方方面面，像物流、资金等。另外，随着网络经济环境的改变，相对应的法律政策也开始建立并完善，以规范行为，维护利益。

五、促进跨境电商发展的政策建议

我国应出台一些符合跨境电商特点与发展的政策和监管体系，给予他们支持，扶持传统企业转型。虽然我国有出台一些措施和政策，但这依然不能更好地满足我国外贸企业在发展电子商务时的需要，并且我国所实施的法律政策还存在许多问题，例如：过于理论化、解释得不是很清楚、没有符合实际等。所以，需要加强对电子商务的宣传力度，切实落实好这些法律政策，维护各地区的经济利益。

社会应不断优化跨境电商的发展环境。有一个良好的发展环境，会促进跨境电商加速发展。还有跨境电商需要第三方支付，需要一个安全的环境，没有第三方支付，就不会有电子商务的今天。所以，第三方支付的国际化已然成为占领消费市场的重要条件。

促进跨境电商相关产业发展，尤其是物流产业。现在的国际物流，例如从韩国到中国需要一周左右，从中国发往别的国家则可能需要更长的时间。中国的跨境电商还是需要以低廉快速的特点来吸引客户，掌握跨境电商的竞争主动权。只有这样才能产生一家与国际一流电商企业相竞争的中国企业。

企业领导者应转变他们的固有思想，做到从线下交易到线上交易的贸易方式，让企业更好地融入这个快速发展的社会。

员工应多学习有关跨境电商的知识，成为社会所需要的人才。社会需要技术性高，能力强的电商人才。

当前国际经济交流和合作已经成为世界的主流，在这样一个大环境下，怎样去做好国际贸易必然是当前经济的一大问题，已被公众所关注与熟知。而跨境电商作为国际贸易的一种的贸易方式，其发展的重要性是不可否认的。跨境电商在平稳快速发展的过程中，优势是十分明显的，同时它们对于环境的影响也是不容忽略的。希望跨境电商能以一种绿色环保的模式去发展，不再以牺牲环境为代价。而且跨境电子商务是今后乃至未来企业发展的必然趋势，是未来经济发展的主流，它的快速发展给传统的企业发展带来新的渠道去更好地成长，同时对国际贸易的发展方式带来重要的转机，完成从线下到线上的交易方式。只有不断地去创新，不停下发展的脚步，才能去更好地应对全球化给各国带来的机遇和挑战，从而来提高我国企业的国际竞争力，提高我国的综合国力，毕竟经济是保障国家主权的重要途径。

第六节　跨境电商知识产权风险及防范

近年来，作为外贸新业态的跨境电商产业蓬勃发展，亚马逊、Ebay、全球速卖通等各类 B2C 跨境电商平台逐渐被热爱海外购的世界各国用户所熟知，而随着各国相关法律法规的不断出台，以及海关等政府部门职能的完善，跨境电商行业的知识产权纠纷不断涌现，越来越多的跨境电商企业面临账户被封、资金冻结等困境，如何防范和规避知识产权风险成为各跨境电商企业所急需要解决的重要问题。

本节是 2018 年江苏省教育信息化研究立项课题《翻转课堂视角下，高职〈跨境电商综合实训〉在线课程开展混合式教学的实践研究》（编号：20180078）的阶段性成果。

一、跨境电商交易中的知识产权风险类型

近年来，为促进新兴贸易业态的健康发展，以海关为主的政府部门加强了对跨境电子商务进出口假冒行为等知识产权方面的打击力度，加大开展互联网时代通过邮递、快件运输渠道出入境的侵权商品的专项执法。据 2014-2016 年《中国海关知识产权保护状况》的数据显示，海关扣留的侵犯知识产权的嫌疑货物涉及商标权、著作权、专利权等有关的权利，其中商标权侵权最突出。如 2014 年，海关查获的商标权侵权货物达 8900 余万件，占扣留商品总数的 96.9%；2015 年，涉及商标权侵权货物达 6800 余万件，占扣留商品总数的 98%；2016 年，涉嫌商标权侵犯货物高达 4145.64 万余件，占货物总量的 98.56%。而多数涉嫌侵权货物是在出口环节被查，海运和邮递方式是主要运输渠道。如，2016 年海

关在海运渠道查扣侵权嫌疑商品近 3940.13 万余件，占全年扣留商品数量的 93.68%；在进出境邮递渠道共查扣侵权嫌疑商品 1.42 万余批，占全年扣留批次的 81.33%。

由此可见，以商标权为代表的知识产权纠纷无论是在传统外贸，还是跨境电商交易中都越来越受到关注。

伴随着跨境电商的迅速发展，跨境电子商务涉及的知识产权呈现出错综复杂的态势。从内容上看，跨境电子商务显示出来的知识产权问题非常广泛，包括专利、著作权、商标等各种类型，并引发了数据库、网络域名、计算机软件、不正当竞争等诸多问题；从服务形式上看，跨境电子商务中的知识产权问题涉及各行各业，无论是服务贸易，还是货物贸易无一幸免，既存在于有形货物贸易中，也涉及无形商品交易中。近几年，跨境电商店铺常有账户被封、资金冻结等现象，其主要原因是店铺存在侵犯知识产权行为，而侵权行为主要集中在版权、商标、专利及电子商务交易平台规则几个方面，其中知识产权侵权表现在版权侵权、商标权侵权和专利侵权三个方面：

（一）版权侵权

在互联网没有普及的年代，版权所有人对商品的复制、发布及播放等权利比较容易控制。随着信息网络时代的到来，作品的复制与传播便捷且成本低廉，复制严重损害了版权人的利益，跨境电子商务的发展得益于信息网络技术的进步。目前，在电商平台上，主要存在以下几方面的版权侵权行为：①未经版权人的同意或授权，直接传播使用他人的著作权，如在图片的使用中存在复制后使用、进行抠图后使用、拼图后使用及使用他人的细节图等形为都构成版权侵权行为；②在电商平台店铺和产品宣传中，盗用、复制他人的音像制品、图书、软件等作品；③乱用他人创作、发表或登记的著作权对店铺及商品进行宣传，包括使用卡通人物、影视作品、摄影作品和登记的美术作品都有可能构成不当使用他人的著作权。

（二）专利权侵权

专利权是知识产权的重要组成部分。通俗地讲，专利权是一种财产权，是专利权的拥有者运用法律手段去独占产品现有市场、抢占潜在市场的重要武器。专利侵权也是跨境电子商务知识产权侵权的主要类型之一。专利侵权行为是指在各国专利权法律允许的有效期限内，行为人未经专利权人的许可，又无法律依据，以营利为目的实施他人专利的行为。当前，根据专利侵权行为的表现形式，可以分为直接和间接两类侵权行为。

由于在跨境电商交易中，买家无法直接看到实物，很难判断使用者是否对该项专利权拥有使用权。因此，在当前的跨境电子商务中，专利侵权问题集中体现在卖家侵犯许可销售、进口专利产品或生产厂家使用未经许可的专利方法、假冒专利产品等方面。

（三）商标权侵权

商标权是指商标所有人对其商标所拥有的独占的、排他性的权利。在我国，由于商标权的取得实行注册原则。因此，商标权实际上是因商标所有人申请、经国家商标局确认的专有权利，即因商标注册而产生的专有权。

在当前的跨境电商交易中，在店铺名称、产品的标题、信息详情页、图片及商标LOGO 等信息中容易产生商标权侵权纠纷。例如，许多卖家在对无商标品牌的商品销售时，往往对品牌商品进行细微改动，或进行拆分与添加、对商标及 LOGO 打上马赛克等，从而变成自身的商标品牌，从而导致商标权的侵权。

二、跨境电商交易中的知识产权风险防范

知识产权已经成为制约中国跨境电商企业的重要竞争手段之一。各电商平台日益也越来越重视知识产权问题，如何更好保护自己的店铺不被封店？或者防范突然陷入知识产权纠纷，产品在海关被扣留呢？

（一）加强立法，加大海关的监管职责

尽管我国知识产权保护制度的制定借鉴了发达国家知识产权法律体系，且发展迅速，但是与发达国家的知识产权法律保护相比仍有较大差距。当前，跨境电子商务的知识产权更注重数据库共享和保护、知识产权私权保护、技术措施、商业秘密等内容。在跨境电商交易中，海关监管不仅可以促进贸易便利化，强化商品或服务的便捷性，促进合法商业交易，还需要发挥海关对知识产权保护的最后防线这一功能。

近年来，中国海关作为国家知识产权保护体系的重要组成部分，注重与公安、商标、专利等主管部门和地方政府开展协作，着力打击危害性强、反响大的侵权行为，大力推进知识产权区域的执法合作，大大改变了过去我国知识产权执法部门多、执法权分散、执法不力的现状。

中国海关为快速缩小与发达国家在知识产权保护方面的差距，还积极参与多层次的国际合作。例如，在多边框架下，研究和制定如何根据知识产权保护的国际规则，推动打击跨国的侵权假冒执法行动，并且积极派遣我国的知识产权专家代表世界海关组织执行全球项目，并积极探索双边合作体系，将知识产权海关保护国际合作纳入中美战略经济对话、中欧领导人会晤、中俄总理定期会晤等机制，不断提升双边合作层级。此外，还建立了与各国驻华使馆海关专员和紧密沟通机制，举办多种形式的知识产权交流活动，多次召开知识产权海关保护的国际合作交流座谈会，邀请英国、德国、意大利、俄罗斯、日本、韩国等国家的驻华海关、商务专员及日本贸易振兴机构、欧盟商会等代表参加。

此外，中国海关还积极探索、创新关企合作模式。例如，2016 年杭州海关与阿里巴巴集团合作，利用电商平台大数据对侵权邮包来源追溯，从而锁定电商平台上的售假企业，并共同开展互联网侵权治理行动。据相关数据显示，自该协议签订以来，中国海关已向阿里巴巴集团通报侵犯知识产权线索 5 批次，涉及邮包达到 1737 个，阿里巴巴集团查实并关闭 35 家侵权店铺。

（二）增强跨境电子商务平台的审查工作

跨境电子商务的发展是基于安全、快捷、高效的跨境电商平台，但是电商平台的准公共性放大了知识产权自治不足或过度对市场秩序的破坏力。强化第三方跨境电商交易平台的监督管理义务，明确界定平台审查的责任和范围。第三方跨境电商交易平台还应负责验证入驻商家提交的各类文件的真实性和一致性，确保入驻商家经营主体与所售商品的合法性。

目前，各大跨商平台中，美国亚马逊作为发展最早、最为成熟，较其他跨境电商平台，平台规则更复杂和完善，对网店违反平台规则的惩罚力度最为严格。我国跨境电商经历了几年快速而又相对无序的发展阶段后，国内的各大跨境电商也在逐渐完善其平台规则，如阿里巴巴联合境内外各利益相关者和监管机构，出台了较为成熟的知识产权自治规则体系和不断完善的知识产权执法措施，所适用的相关法律也慢慢超出了跨境电商平台所在国法律，逐步融入了对国际商业操作惯例和各国不同知识产权权利人影响力的多重考虑。阿里巴巴集团的全球速卖通是当前国内最具代表性的跨境电商 B2C 模式的跨境电商平台，近年来不断地提高店铺入驻平台的标准，加大对入驻店铺日常的监督和管理工作。如 2018 年 1 月发布的《全球速卖通知识产权规则》中，非常明确地提出了店铺侵犯不同类型知识产权的处罚情况。但是在目前的实践中，我国跨境电商平台在确认商家侵权后，主要处罚措施为商品下架、冻结账户或关闭店铺等，在处理模式和方法等创新存在不足。

（三）提高企业知识产权意识，提升风险防范能力

目前，我国跨境电商企业主要是中小外贸企业，知识产权意识薄弱，知识产权管理水平尚需进一步提升。我国跨境电商企业在销售商品时，要保证供货渠道的正规性，一定要知识产权先行，做好产品的专利、商标及版权的调查工作，杜绝仿品、假货，以降低侵权风险。在设置店铺名时，也需要注意是否有涉及他人注册的商标，不能复制其他知名品牌名称，也不能使用容易误导买家的品牌名称。

目前，各大跨境电商平台，如亚马逊和全球速卖通平台都提供了相应的知识产权的查询链接。如欧盟专利查询链接：https：//www.tmdn.org/tmdsview-web/welcome、美国专利查询链接：https：//www.uspto.gov/patents-application-process/search-patents、美国商标查询链接：https：//www.uspto.gov/trademark、欧盟商标查询链接：https：//euipo.europa.eu/eSearch/）。

当然，对于跨境电商企业最直接有效的方式是拥有自己的专利，但是各国对专利都有使用时间的限制。此外，还可以通过注册自有商标来避免侵权，不同于外观专利及发明专利，商标使用时间的越长，其价值与显著性越强，因为商标使用时间越久，品牌的消费群越大，辨识度也越高。而在很多国家，外观设计专利公开 6 到 12 个月后就会因为缺乏新颖性而不能再申请专利了。

（四）企业应当善用法律程序，争取维护最大权益

我国部分跨境电商企业对法律法规和跨境电商平台规则的重视程度不够，也缺少进行诉讼的经历和经验，一旦店铺接到投诉或账号被封，往往应对失措。

当前，跨境电商平台的知识产权政策都有类似的规定，如不允许出售假货、盗版和未授权产品等。一旦侵犯知识产权，会导致卖家账号被封，资金被冻结。跨境电商企业在收到律师函或投诉后应积极应对，可以从以下几方面来准备应对措施：①尽快找到侵犯知识产权的产品，积极与知识产权所有人沟通，争取寻求产权人的谅解和撤诉；②如果投诉未撤销，给电商平台提供供应商名单及与其合同条款，证明投诉的不合理性；③下架或清理导致账号被停的所有库存产品以及禁止在平台销售的产品；④向电商平台提起上诉。

而跨境电商卖家如何防止其他卖家跟卖自己辛苦打拼出来的热销产品呢？首先，要提前做好知识产权布局，在产品未上市前，提前申请产品的外观专利和版权，注册好自有商标；其次，一旦发现侵权，及时记录对方店铺名称、公司名称及对方商品详情页网址，并保留好截图，这样一旦被侵权能提供有力的证据。

第七节 跨境电商的主要市场文化习俗

我国跨境电商发展迅速，跨境出口市场主要为美国、法国、俄罗斯、英国、巴西、日本、韩国、印尼等。跨境电商面对的是境外消费者，了解境外市场的文化习俗对拓展和维护境外客户有着十分重要的意义。本节主要从文化习俗、社交习俗、饮食习俗、着装习俗、节日习俗、禁忌习俗等方面对主要跨境电商的出口市场进行了浅析。

我国跨境电商发展迅速，2018年交易规模达9万亿元，主要出口市场为美国，占17.5%；法国，占13.2%；俄罗斯，占11.3%；英国，占8.4%；巴西，占5.6%；日本，占3.4%；韩国，占2.5%；印尼，占1.2%。出口跨境电商面对的是境外消费者，了解境外市场的文化习俗对拓展和维护境外客户有着十分重要的意义。本节主要对美国、法国、俄罗斯、英国、巴西、日本、韩国、印尼等几大跨境电商出口市场的文化习俗进行浅析。

一、美国市场

美国是世界上最大的经济体，2018年GDP为20.49万亿美元，占全球GDP总量的24.17%，人口为3.27亿人。美国是世界上最大的电子商务市场之一，也是我国跨境电商最大的出口市场，在线买家数量多、在线消费能力强、市场容量大。

因为历史的原因，美国有着大量的移民，是一个拥有多样化的种族、民族的国家，不同种族、民族之间有着极大的不同文化习俗。美国文化的主要内容是强调个人价值，追求民主自由，崇尚开拓和竞争，讲求理性和实用。所以他们对市场上的商品拥有很强的接受

度，非常愿意尝试和购买新产品，只要产品的质量和品质确实不错，他们就会记住这个牌子，以后有需要的时候再进行购买。美国是全球最大的消费品市场，美国人不但极少储蓄，而且很多人都会办理几张信用卡进行超前消费。

另外，美国十分重视商标和专利，中国的跨境电商卖家千万不要在这方面铤而走险，如果在当地建立了仓储或是售后点，还要注意环保、税务、劳工等方面的问题。美国的最大节日，如美国独立日、劳动节、哥伦布日、退伍军人节、感恩节、圣诞节、网购星期一、黑色星期五等，都集中在下半年。美国跨境电商平台的销售大都集中在这些节日，属于销售旺季，销售额占全年销售额的 30% 以上。

二、法国市场

法国是一个经济强国，2018 年 GDP 为 2.78 万亿美元，总人口为 6,698.72 万人。法国的国语是法语，讲法语是法国的一种民族文化情结，法国人把讲法语看作是热爱法国。

握手是法国人最常见的一种打招呼方式。握手时要注意两点：①握手时间不宜过长；②不要握住对方的手使劲晃动。握手一般是女子向男子先伸手，年长者向年幼者先伸手，上级向下级先伸手。"吻"是法国人表示感情的一种方式，但法国人的"吻"有严格的界限，如在见到久别重逢的亲友、同事时，是贴贴脸颊，长辈对小辈是亲额头，在爱人和情侣之间才亲嘴或接吻。

法国人注重服饰的华丽和式样的新颖。化妆和美容是妇女生活中的必修课。法国时装在世界上享有盛誉，一直引导世界时装界潮流；法国时装选料丰富、优异，设计大胆，制作技术高超。法国人一向以"善于吃并精于吃"而闻名，法式大餐至今仍名列世界西菜之首。法国人还将哲学意义赋予饮食中，认为个人饮食应符合各自的教养与社会地位，并将同桌共餐视为一种联络感情、广交朋友的高雅乐趣和享受。

法国人最讲究礼尚往来，节日、生日和重大事情上都会互相送礼。他们认为礼不在贵重，而在于购物时的情谊和送礼时的感动。收到礼物时，一般都要当着送礼人的面打开，当着送礼人的面欣赏礼物，并立即道谢。

法国消费者一般会在网站上直接搜索自己想要的产品，因此准确、全面和富有吸引力的产品信息很关键，这样能够更有效地吸引费者。法国人的网购目的性相对较强，很多时候都是确定了想要购买什么产品就去网上直接购买。

法国网上购物的客户群主要集中在 25 ~ 40 岁之间，女性客户多于男性客户。因为法国旅游业很发达，所以很多法国消费者购买的产品与旅游、文化和服务有关，当然也有一些法国人购买 3C、服装、美容类的产品。

在法国，主流支付方式是银行卡，法国人较少使用其他支付方式。不过，PayPal 在法国在线支付市场上大行其道，是除银行卡支付以外的第二大支付方式。

三、俄罗斯市场

俄罗斯经济基础雄厚，拥有巨大的经济潜力，2018 年 GDP 为 1.66 万亿美元，总人口为 1.44 亿人，共有民族 193 个，其中俄罗斯族占 77%，官方语言是俄语，宗教以东正教、伊斯兰教为主。

俄罗斯人很注重仪表，很爱干净，衣着整洁，穿着时尚，女人高跟鞋，老少都化妆。旅行时习惯带上电熨斗。俄罗斯人参加晚宴、欣赏演出时，通常会身着晚礼服，至少也会带一套西服或裙装，以便在正式场合穿。大部分主要城市，如莫斯科等，冬季较长，因此保暖的服装，如裘皮、棉服、皮靴或棉鞋等不可或缺。俄罗斯夏季温度不高，但多为阴雨天，人们需要长期雨伞，但却不使用雨衣。

俄罗斯人饮食以肉、奶、面食为主。商店里香肠、奶制品、食品半成品种类较为齐全，俄罗斯蔬菜和水果的价格偏贵。俄罗斯人有独特的饮食习惯，一日三餐，早餐面包夹火腿，喝茶、咖啡或牛奶，比较简单。午餐通常有三道菜，显得较为丰盛：首先是冷盘；接着第一道菜是汤，俄式汤类比较营养，有土豆粒、各色蔬菜，加之肉或鱼片；第二道菜肉类或是鱼类加配菜；第三道菜是甜点、茶、咖啡等。菜的顺序不能颠倒，这是俄罗斯人的习惯。他们特别喜饮伏特加酒，面包和盐是他们用来招待贵宾的。

俄罗斯消费者在选择商品时非常挑剔，要求较高。他们喜欢追逐名牌，即使是一些奢侈品，人们也愿意购买。俄罗斯市场需求以家电类、家具类、日用消费品为主，对于年轻人来说，轻巧的电子产品则是他们的最爱。随着俄罗斯人生活水平的日益提高，越来越多的电子产品和家用电器慢慢进入寻常百姓的家中。

俄罗斯的互联网用户数量占比 15.5%，是欧洲地区互联网用户数量最多的国家，eShopWorld 数据显示，俄罗斯 2018 年电子商务用户渗透率达到 56.12%，到 2020 年将达到 61.44%，具有较大的增长空间。在俄罗斯市场上，支付和物流是一个障碍，由于俄罗斯人对网络支付的安全性持有怀疑态度，很少有人使用电子支付，仍以现金支付的方式为主。俄罗斯物流体系不完善，俄罗斯小包的时效还是在 20～30 天左右。俄罗斯新年、俄罗斯情人节、俄罗斯谢肉节、"双十一"购物狂欢节等是俄罗斯一些节日。

四、英国市场

英国经济比较发达，2018 年 GDP 总值为 3.2 万亿美元，总人口为 6,648.90 万人。英国人非常具有绅士风度，无论在生活中还是工作中，都非常温文尔雅。英国人在生活中不仅计划性强，对品质、礼仪等都有较高要求，对个人以及家庭用品的要求更是有高标准、高要求。西服可以算得上英国的国服，虽然上班族西装革履，甚至在一些重要的场合，男士身着燕尾服，女士身着低胸晚礼服，但是很多老百姓日常穿着较为休闲，式样简约，追求合体舒适。

英国人饮食注重营养，样式颇为简单。早餐通常是麦片粥冲牛奶或一杯果汁，涂上黄油的烤面包片，熏咸肉或煎香肠、鸡蛋。中午，孩子们在学校吃午餐，大人的午餐就在工作地点附近买上一份三明治，就一杯咖啡，打发了事。唯独等到周末，英国人的饭桌上才会丰盛一番。常见的主菜是肉类，如烤鸡肉、烤牛肉、烤鱼等；蔬菜则品种繁多，像紫甘蓝、豌豆、土豆、胡萝卜等，蔬菜一般都不再加工，装在盘里，浇上从超市买回的现成调料即可食用。主菜之后总有一道易消化的甜食，如烧煮水果、果料布丁、奶酪、冰激凌等。此外英国人热爱文体活动，如听音乐会、看戏、阅读书报杂志、写随笔等，更喜欢外出旅游度假、养宠物。

近几年以来，英国电商在快速发展着，网络下单和支付规模在不断刷新以往的记录。据统计，有80%以上的英国网民都在网络上有过多次购物的行为，这个比例在G20国家中是非常之高的。做英国市场的中国跨境电商商家，可以按照英国消费者的习惯、喜好、风俗文化、消费特征等条件进行本地化的运营，了解英国的历史和节日，在这方面策划相应的活动，或许会获取到意想不到的效果。

五、巴西市场

巴西是金砖国家之一，是南美洲最大的国家，GDP总值位居南美洲第一，2018年GDP总值为1.87万亿美元，总人口为2.09亿人。巴西有来自欧洲、非洲、亚洲等地区的移民，文化差异显著。

巴西人在待人接物方面主要有两个特点：一是，巴西人性格耿直，有什么就说什么；二是，巴西人在人际交往中大都活泼好动、幽默风趣，爱开玩笑。在社交场合巴西人通常都以拥抱或者亲吻作为见面礼节。只有在比较庄重场合，他们才相互握手为礼。除此之外，巴西人还有一些独特的见面礼，如握拳礼、贴面礼、沐浴礼等。

在正式场合，巴西人的穿着十分考究。他们不仅穿戴整齐，而且要求在不同的场合人们的着装需要有所区别，如在重要的政务、商务活动中，巴西人认为一定要穿西装或套裙。饮食上巴西人深受移民国的影响，融合多国饮食习惯，又带有浓浓的巴西风味。美食区分明显也成为巴西美食的一大特色：烤肉是巴西最常见的大菜；而东北地区则主要以木薯粉和黑豆为食；其他地区也分别以大米、豆类为主食。

在巴西蝴蝶象征吉祥，适于谈论的话题有足球、笑话、趣文等。与巴西人打交道时，不宜向其赠送手帕或刀子。巴西人大多数信奉天主教，另外也还有少部分人信奉基督教新教、犹太教以及其他宗教。巴西人忌讳数字"13"，他们普遍认为"13"是会带来厄运或灾难的数字，为不祥之数。

巴西节日较多，各行各业都有自己的节日，如儿童节、母亲节、教师节、父亲节、商人节、公务员节等，还有不少宗教节日，且各州、市不尽相同。作为世界人口大国之一，巴西近几年在支付和物流方面的基础建设正在逐步完善，其潜在的市场红利还是有被进一步挖掘的可能性。

六、日本市场

日本一直以来以经济强国著称，2018 年 GDP 总值为 4.97 万亿美元，位居世界第三位，总人口为 1.27 亿人。日本经济自从房地产泡沫以来，在经济上不温不火的，比较稳定。

日本本土有乐天市场这样的电商巨头，大部分的消费者会选择在亚马逊、乐天这样的大型电商平台进行购物，只有极少部分会在谷歌等搜索引擎上去搜索，或是选择独立的小型购物平台。

日本人是典型的月光族国家，几乎每个人都持有信用卡，互联网普及率高达 81%，网络消费意愿非常强，只要中国的跨境电商卖家有针对性地选择产品，筛选出好的渠道，就有可能在这块大蛋糕上分得一杯羹。

日本网上购物的支付方式主要为信用卡和网银支付，目前使用手机上网的人数已经超过了电脑上网的人数，他们也会经常使用手机进行网上购物。实际上，在全球普及电子支付以前，日本人就已经开始使用 NFC 等创新型的支付方式了，以 NTT DOCOMO 为代表的移动运营商，也在手机支付产业链中占据极其重要的地位。

七、韩国市场

韩国是世界上经济最具活力的国家之一，2018 年 GDP 总值为 1.62 万亿美元，总人口为 5，163.53 万人。韩国主要为朝鲜民族，占全国民族总人口的 99%，是一个民族比较单一的国家，通用语言为韩语。

韩国的日常饮食是米饭、泡菜和大酱汤，口味偏辛辣。韩国著名的饮食有烤牛肉、冷面、打糕、狗肉汤和参鸡汤等。韩国泡菜广为人知，种类很多，多以白菜、萝卜或黄瓜为原料，加上盐、蒜、生姜、洋葱、红辣椒、梨及贝壳类海鲜等腌泡而成。韩国人普遍喜欢饮酒，本国的烧酒及啤酒和洋酒的消费量较大。

韩国约有 80% 的人活跃在网络上，而且他们当中的大部分都会网购，网上购物市场非常发达。相对于其他网络设施比较落后和网购习惯尚处于培养阶段的国家而言，韩国市场相对容易进入一些。

韩国女性是跨境网购消费的主要群体，女性服装、美妆、饰品等，都是很受欢迎的产品。不过韩国人的在线支付方式比较封闭，一般只使用韩国国内银行，Visa 卡和 MasterCard 卡用的都很少。

八、印尼市场

印尼，是东南亚最大经济体，2018 年印尼 GDP 总值为 1.04 万亿美元，总人口为 2.68

亿，官方用语为印尼语，全国约 87% 的人信仰伊斯兰教。

印尼人总体较为传统，在公共场合服饰普遍十分得当。男士一般衣着一致的工作服或穿运动长裤、白衬衣并打领带；女士穿裙子和有袖的短款外套，色彩不能过度艳丽，倘若参观考察寺庙或清真寺，女士不能穿无袖、背心、超短裤等较为外露的衣服裤子。

坐时，两腿不可以交叉，比如巴厘岛，坐下时两腿要平放到木地板上；打呵欠时，得用左手将嘴遮挡住，否则的话是没礼貌的；不要取笑别人的错误，也不要效仿别人的姿势，那样会伤害印尼人的感情；在大街上或是行走时不要进食，不能用右手跟别人握手或是触碰别人；和人谈话内容或是进到别人家做客，还记得要取下太阳眼镜。

印尼人对称呼较为重视，中层阶级的印尼人一般有两个名字，下层老百姓一般只有一个名字。通常情况下，富有的印尼人姓和名都很长，可以采用一个短名和首字母缩写名，在称呼人的时候，要注意使用他们的第一个姓，不可以使用下一个。印尼也以大米为主食，以鱼、虾、牛肉等为副食。绝大多数印尼人都不吃猪肉，印尼人习惯吃西餐。除官方场所会使用刀叉外，全是左手抓饭吃，他们在就餐时，有边吃边喝冷开水的习惯，也喜欢红酒、纯净水等，通常不喝烈酒。

印尼节假日有新春、伊斯兰教新春、中国新年、印度教平静节、圣人穆罕穆德生日、耶稣受难日、耶稣升天日、卫赛节、印尼独立日、伊斯兰教开斋节、圣诞节等。

在印尼避讳用右手传送物品和食材；避讳摸小孩的头顶部；避讳老鼠和乌龟；与印尼人沟通交流时不要涉及政治、宗教信仰等话题讨论。

第八节　跨境电商对贸易中介的影响

跨境电商的快速发展为贸易中介带来挑战，跨境电商瓦解了传统贸易条件下贸易中介在信息、专业、范围经济方面的优势，但跨境电商自身也存明显的缺陷。跨境电商虚拟化带来信任折扣，互联网垄断性限制了产品供给的多样性，跨境电商的快速发展的同时也带来了信息搜索时间成本的增加。故跨境电商时代贸易中介仍然可以建立自己的生存空间，本节认为，顺应跨境电商发展趋势，构建跨境时代新优势，专注开拓 B2 小 B 蓝海，转型开发进口业务是跨境电商时代贸易中介的正确选择。

一、传统贸易时代贸易中介为什么存在

据 Spulber（1996）的定义，贸易中介指"一个经济代理人，或者从供货商那里购货并销售给买者，或者帮助买者与卖者会面与交易"。新古典贸易理论和新贸易理论假设在国际贸易中，产品生产者与消费者进行直接交易，且产品同质无差异，市场信息充分完全，因此该假设下不存在"贸易中介"现象。但在现实国际贸易中，"贸易中介"仍普遍存在，

并且其对国际贸易的开展有着重要影响。在我国的国际贸易中，外资企业的进出口占比较大，大部分年份占比都超过50%。2017年，全国外商投资企业进出口总值为18392亿美元，占全国进出口总值的44.81%。外商投资企业有投资主体的母国优势，且外商投资企业一般也拥有较高的生产率，通常可以自主完成产品的进出口。国际贸易分为进口和出口，就我国的国际贸易而言，贸易中介更多体现在出口贸易中。

贸易中介可以显著改善信息不对称。地理区位、文化背景和政治制度上的差异使国际贸易双方信息不对称问题尤为凸显，这显著影响了交易的发生。贸易中介可以利用自己的专业优势实施基于供求匹配的信息搜寻，帮助生产者发掘有效需求；另一方面，贸易中介可以对产品质量做出初步筛选，改进交易中的产品质量信息的不对称，以提高买家信任，增进交易。

贸易中介可以实现范围经济效应以降低贸易成本。生产商通过直接贸易将产品出口，需构建完善的国外分销网络、搜集国外需求信息，这需要大量的时间成本和费用支出，这对占我国外贸比重较大的中小型外贸企业而言很难实现。贸易中介通常从事多种产品的贸易，因而可以实现范围经济以分摊构建国外分销网络、搜集国外需求信息等成本支出，从而降低了企业的交易成本，促进了交易的发生。

贸易中介开拓国际市场能力强。传统的贸易理论认为，只有生产效率最高的企业才能实现产品出口。但现实中许多生产效率相对较低的企业可以借助贸易中介实现产品出口。贸易中介通常拥有较强的国际市场开拓能力，通过资源整合，可使中小型外贸企业更专注于生产，从而形成生产成本优势，并借助贸易中介的市场开发优势，形成总体的比较优势，实现产品出口。

二、跨境电商发展现状及对贸易中介的冲击作用

（一）跨境电商概念

跨境电商指分属于不同关境的交易双方，通过跨境电商平台达成交易、支付和结算，并通过跨境物流将交易的商品送达买方从而完成跨境交易的一种国际贸易活动。跨境电商包括跨境电商出口和跨境电商进口，笔者主要对跨境电商出口进行研究。跨境电商分类有很多种，其核心的提法是把跨境电商分为B2B与B2C两类：跨境电商B2B指企业卖方通过跨境电商平台向不同关境的企业销售产品和服务；B2C则是企业通过跨境电商平台向不同关境的个人消费者进行销售。通常意义的跨境B2B表现为境外批发商通过跨境电商平台获取本国生产商相关信息，通过线下联系完成交易，然后通过线下途径将交易商品在本国分销。阿里巴巴国际站是典型的B2B平台，其业务初衷就是为国内中小生产商找到境外批发买家。国内生产商在阿里巴巴国际站平台发布产品相关信息，潜在境外买家通过平台了解卖家信息后，通过线上或线下途径同卖家磋商签订国际贸易买卖合同，最后通过线下途径完成货物交付与支付。随着跨境电商的快速发展，B2B的一种细分形式即B2小B

模式在市场上重要性日渐凸显。目前学术界没有定义小B，业界对小B的定义是小零售商、小批发商，但对小零售商、小批发商的界定仍然模糊。本节将跨境电商B2小B定义为从事出口的企业通过跨境电商平台将产品或服务出售给不同关境的小批发商、小零售商。不同于一般意义上的B2B，B2小B模式下的企业买家单次采购规模小、采购频次大，该模式下的企业买家部分是出于自用需求，部分是利用国内线下或线上途径向直接消费者转售，因此更加在意卖家的服务能力和产品品质。

（二）国内跨境电商发展形势

自2015年3月批准设立中国（杭州）跨境电子商务综合试验区起，我国已在杭州、宁波、郑州、天津、上海、重庆、合肥、广州、深圳、成都、大连、青岛、苏州等13个城市设立了跨境电商综合实验区，跨境电子商务综合试验区的设立大大加快了跨境电商的发展。2013-2017年，国务院发布的促进跨境电商发展的主要政策有：《关于实施支持跨境电子商务零售出口有关政策意见的通知》、《关于促进跨境电子商务健康快速发展的指导意见》、《国务院关于促进外贸回稳向好的若干意见》等。相关政策的支持加上国内跨境电商生态、技术的不断发展造就了我国跨境电商的快速发展。跨境电商的快速发展显著改变了国际贸易方式，对贸易中介带来巨大冲击。

（三）跨境电商对贸易中介的冲击

跨境电商大大提高了交易双方的信息透明度。跨境电商通过互联网来传递商品信息，买家可以通过电脑或手机充分获取产品信息，并以此对产品质量做出判断；卖家也可以通过大数据技术对网上交易信息展开分析，以此把握消费者需求和消费者心理。在跨境电商时代，买卖双方信息交换变得简单便捷，这大大提高了交易双方的信息透明度同时弱化了贸易中介的信息优势。

跨境电商显著降低了国际市场开发成本。跨境电商可以通过自建网络或利用第三方平台实现销售。推广费用由第三方跨境电商平台提供方承担，借此可以覆盖绝大部分国际主流市场。对中小型外贸企业而言，利用第三方跨境电商平台可以避免建立国际分销网络的成本支出，故贸易中介的成本优势被弱化。

跨境电商显著降低了国际市场开发门槛。中小型外贸企业利用第三方跨境电商平台开拓国际业务，传统国际贸易开展所需的语言能力、市场分析能力、国际谈判能力等被相对弱化，这大大降低了中小外贸企业的国际市场开发门槛，贸易中介的专业优势被弱化。

（四）跨境电商发展存在的问题

信任折扣制约跨境电商发展。网络经济的虚拟性增加了信用问题以及产品质量的不确定性（Malone et al, 1987）。在面对不确定性时，人们倾向于降低对不确定个体的信任度，而信任度是购买意向的决定因素之一。就跨境电商而言，跨国卖家相对本国消费者较为陌生，买家对卖家的感知下降，这大大降低了买家对卖家的信任，即造成了信任折扣的降低，这减弱了消费者通过跨境电商消费的心理需求。无论是自建平台还是第三方平台，买家信任是平台的生命线，给予买家充分的退货便利，可以在一定程度上降低买家风险提高其信任程度。但跨境电商的交易模式决定了其退货难度注定较大。虽然跨境电商通过互联网传递信息，大大减弱了信息不对称，但与实体店进行交易的买家可以线下亲身体验，而跨境电商平台上的产品信息是经卖家过滤后发布，且消费者难以对实际信息做出判断，故对于跨境平台上的卖家，消费者对其信任折扣无法避免。

互联网媒介的天然垄断性限制了产品供给的多样性。消费者所接受的产品信息均由其自身所提供的搜索关键词和平台搜索规则决定。该过程中消费者搜索意愿被弱化，其使用相同搜索词在不同跨境电商平台所获结果几乎一致。虽然消费者仍可依据搜索后出现的产品详情页选择自身所需商品，但大部分消费者仅会在相对靠前的产品详情页上做出选择，而相对靠后的产品信息均不会被消费者所知，这实际上减少了产品的有效供给。并且，因为信任折扣的存在，消费者在跨境平台上进行消费时，以卖家销量作为信任依据，由此导致购买需求向少数卖家集中，即出现跨境电商产品交易的天然垄断性。买家对产品的差异化需求被弱化，二八定律对跨境电商更为明显，第三方跨境电商平台80%的销售额是由20%的卖家创造出来。按照雨果网2017年七月公开发布的数据，第三方跨境电商平台亚马逊的卖家已经超过500万，但一年内有交易历史的卖家只有一百多万，年销售额超过十万美金的商家仅有十万家。跨境电商虽为消费者提供了便捷的途径，但却弱化了消费者差异化需求。

跨境电商的快速发展带来搜索的时间成本增加。跨境电商使消费者足不出户即可消费外国优质商品。但各大平台爆发式的卖家增长及上架产品增多，使平台上充斥大量无效信息，使消费者很难在大量的产品信息中找到符合自己实际所需，为此消费者所需时间成本越来越高，降低了其购买体验。很多情况下，消费者并不清楚自身实际所需，只能采取模糊搜索，但随之出现的大量杂乱无章的产品信息，会阻碍消费者判断，造成搜索的时间成本增加。

三、跨境电商时代贸易中介存在依据

（一）跨境电商时代贸易中介的机会

尽管跨境电商为贸易中介带来巨大冲击，但跨境电商自身缺陷仍为贸易中介的存在提供了空间，贸易中介可以发挥自己的专业性优势改善跨境电商所存在的缺陷。

贸易中介可以改善信任折扣问题。跨境电商中的信任折扣主要是由于跨境卖家的虚拟性引起的。贸易中介可以通过加大在目标市场的宣传推广、通过构建与当地分销商的紧密关系，改善信任折扣问题。不同于跨境电商平台上数量众多的小卖家，贸易中介相对专业能力强，能够承担较大的成本支出，并有能力对目标群体扩大宣传推广，主动加强与当地代理的合作，从而有效解决"虚拟性"问题，改善信任折扣。

贸易中介有助于丰富产品供给的多样性。互联网垄断性实质限制了产品供给的多样性，贸易中介可以利用自身的专业优势和相对较大的成本承受能力，改变买家在利用跨境平台获取产品信息的被动地位，改善跨境电商购买过程中因为搜索规则造成信息缺失。通过加强与潜在买家的互动，在充分把握买家需求的基础上，贸易中介可以主动提供更加切合买家需求的多样化产品。买家基于自身需求选择贸易中介所提供的产品，在一定程度上改善了其搜索的被动性，提高了跨境电商交易过程中实际交易产品的多样性。

贸易中介可以让产品信息提供更加有针对性。不同于跨境平台上的众多小卖家，贸易中介可以根据自身掌握的目标市场消费者的消费需求，结合自己的产品定位，更加有效地提供产品信息。

（二）跨境电商时代贸易中介的选择

顺应跨境电商发展趋势。跨境电商发展趋势无法逆转，传统贸易正在加速与跨境电商融合。部分国际贸易企业在坚持传统贸易同时，也在积极融入 B2B 或 B2C 跨境电商。对于贸易中介而言，需将自身原有的优势有机融入跨境电商发展趋势。

构建跨境时代新优势。跨境电商时代，单纯的信息优势已经不足以使贸易中介生存，贸易中介需充分发挥自身专业优势，通过对目标市场客户需求精准分析，为其提供更加切合需要产品，并利用规模优势，扩大自身在目标市场消费者心中的知名度，最大程度降低虚拟化导致的不信任，并向产业链渗透，基于对目标市场买家需求的相对精确把握，准确定位产品，整合国内优质生产资源，创立自主品牌，将产品定位植入品牌以确立竞争优势。

专注开拓 B2 小 B 蓝海。相比于个人买家，跨境电商 B2 小 B 更重视产品品质和卖家服务能力。对从各种跨境平台上获取货源利用国内线下或线上途径向直接消费者或使用者转售小零售商、小批发商而言，其要保持业务的可持续性与保证产品品质。贸易中介相比于一般中小外贸企业有显著的优势。相比于大型的零售商和批发商，一些小零售商、小批发商的市场推广、需求分析能力相对缺乏，这种情况下贸易中介专业能力优势再次凸显。跨境电商虚拟性导致的信任折扣在较短的时间内无法解决，而本土的小零售商、小批发商可以有效解决信任折扣的问题。贸易中介在跨境 B2 小 B 模式中有明显的优势，专注开拓 B2 小 B 蓝海将重构贸易中介的优势地位。

转型开发进口业务。当前扩大进口已经成为共识，国家政策层面也不断为促进进口做出调整。贸易中介可以利用在发展贸易过程积累的国外产品市场信息，结合在出口过程中积累国内消费者的消费需求和国内企业工业设备等需求，确立自身产品方向，转型开发进口业务。相比而言，贸易中介在发展进口业务过程中有信息优势，转型进口业务可以为传统贸易中介打开新利润增长空间，也有助于范围经济的实现，从而提升贸易中介在跨境电商时代的竞争力。

第九节　"区块链 + 跨境电商"的发展机遇

区块链技术在理论和应用方面得到了不断的发展，并开始尝试在某些领域进行更加深入的应用，跨境电商与区块链进行结合，能够为传统跨境电商带来更好的发展机遇。因此，本节对区块链技术的特点进行论述，然后分析了区块链技术与跨境电商结合面临的机遇和挑战，然后提出了区块链技术支持下，推动跨境电商发展的相关策略。

在互联网计算机技术不断发展的背景下，区块链技术作为一门新兴的技术，基于其自身潜在优势随着网络化时代的发展而被逐渐应用于社会各个领域当中，对各传统行业生产方式方法的变革形成了极大的推动作用。而跨境电商作为新时代下我国社会主义市场经济的重要组成部分，其发展情况不仅直接关系到我国社会经济整体发展趋势的好坏，并且跨境电商作为一种新型的商业模式通过对其发展情况的测评更是能够直接反映出我国商业现代化发展进度情况。为此，无论是从社会经济发展还是行业变革的角度来看，我们都必须积极推动区域链技术与跨境电商之间的深入融合，在其共同力量的作用下来将我国与其他国家之间的跨国商业合作推向一个新的发展方向。但由于区域链技术在技术体系方面尚处于研究的过程中，在技术方面仍存在一些不成熟之处，由此也就为区域链技术与跨境电商之间的深入融合造成了一定的阻碍作用，导致区域链技术在应用过程中暴露出了许多技术层面而导致的问题。跨境电商行业必须在加强对区域链技术重视的基础上，不断完善相关监管机制、鼓励技术创新，以此来推动区域链技术与跨境电商之间的深入融合与发展。

一、区块链技术的特点

去中心化。去中心化是区块链技术一个最主要的特点，与互联网中的平等、共享概念非常类似，主要是允许区块链中的各个节点能够达成共识，每个节点必须同时具有权利和责任，才能够利用权力承担相应的责任。去中心化的理念在解决矛盾时使用了共识机制，可以帮助系统挑选"优质"的点，能够逐渐淘汰"劣质"节点，使得系统可以向着更加良性化的方向发展。

不可篡改。区块链的另外一个特点就是不可篡改，该特点的实现主要依靠以下几种类型的技术：首先，加密算法的健壮性，区块链中主要使用的是非对称加密算法，该算法破译需要的运算量非常巨大，在实践中几乎不可能被破解。只要节点的拥有者管理好私钥，就可以保障节点数据的安全；其次，不可篡改的特性与去中心化的特点是紧密相关的，很多决策都需要依赖其他节点达成共识，才能够对数据进行修改。因此，仅仅篡改某个节点的数据，其他节点的数据不会受影响，甚至可以及时纠正该节点的错误数据，使得非法的篡改可以被自动纠正。

开放性。区块链技术中的各个节点可以实现信息的交流和共享，而且数据的安全性可以得到有效保障，因此区块链也具有开放性的特点，除了密钥等私密数据之外，其他数据可以对自身之外的其他节点可见，该特点的优势如下：首先，可以在节点之间建立信任机制，除了信息交互的参与者之外，其他节点也可以拥有知情权，使得数据具有公开透明的特点，可以避免很多"内幕交易"，使得区块链系统更加公平、公正；其次，数据的公开性，能够极大地降低信息交流的复杂程度，点对点可以直接进行交易，无须通过第三方的参与；最后，区块链中的多个节点都可以记录支付信息，能够降低交易中错误发生的概率。

二、区块链与跨境电商结合的发展机遇

可以降低企业的信用风险。跨境电商领域的发展，会涉及不同国家、地区的企业，这些企业的信用程度不同，再加上很多国家的企业信用评级数据并未公开，导致在进行跨境电商交易时，不同企业之间无法做到互相信任，需要通过合约或者法律的强制约束力来规范企业自身的行为。但是，合约中会存在漏洞，不同国家之间的法律内容也很难做到统一协调，就会导致跨国电商的参与企业面临较高的信用风险。但是，区块链技术能够降低企业的信用风险，能够通过系统自身对"诚信"节点的选择，自动剔除掉一些"劣质"的企业节点，实现对跨境电商企业优胜劣汰的良性循环，能够建立不同国家企业之间的信任关系，促进跨境电商的不断发展。

降低货币支付过程中存在的风险。货币支付是跨境电商交易中的重要环节，该环节可能存在多个方面的风险，例如：汇率波动的风险，不同国家之间的货币兑换汇率是在实时变动的，交易时间不同，汇率不同，那么企业收到的实际货款可能会出现波动；同时，跨境电商在进行交易时，会将货款打到第三方支付平台上进行托管，平台中存储了大量的交易信息，如果平台被入侵，那么交易数据很容易被篡改，也可能永久性丢失。区块链技术应用到跨境电商的支付环节中，可以利用相关的技术，实现去中心化，保障数据的永不丢失，极大地降低了支付过程中的风险。同时，汇率的波动可以通过区块链中虚拟货币的方式进行有效避免，能够切实保障跨国交易企业之间的切身利益，促进企业之间的深入合作，推动跨境电商支付流程的不断完善和简化。

降低跨国企业之间合作的难度。区块链技术还可以与跨境电商中的其他领域进行结合，从整体上降低跨国企业之间的合作难度。例如，区块链可以与物流系统进行结合，对物流过程进行信息跟踪，当物流环节出现问题时，能够根据原始合约确定责任，保护交易双方的合法权益；同时，利用区块链技术，可以在一定程度上降低跨境电商的交易难度，节约人力物力，避免跨部门之间沟通和交流的难度，能够实现跨境电商经济效益的不断提升。

三、区块链在跨境电商发展中遇到的挑战

区块链技术尚不完善。我国针对区块链技术的研究时间较短，技术层面的研究尚不完

善，主要体现在：首先，区块链是一种新兴技术，我国针对该技术的研究尚在进行中，虽然取得了一定的成效，但是并没有进行大规模使用，因此技术实施过程中可能存在多个方面的风险，还需要进一步试用才能发现，然后逐步推广到其他领域中；其次，区块链的可扩展性不够完善，区块链需要将计算机技术、网络技术、密码学等多门学科综合起来，虽然区块链技术在不断研究和发展过程中，但是支持其发展的生态尚不完善，无法全面推动区块链技术的发展和进步。

在实施过程中存在难度。我国区块链技术从理论到实践应用阶段还需要一个长期的过程，目前在实施过程中存在的难度如下：首先，区块链技术在实施过程中，可以保证去中心化的特点，该特点虽然能够在公平、公正的前提下确保跨境电商企业的利益，但是也破坏了某些跨国企业巨头垄断市场的行为，使得垄断企业自身的利益受到损害，因此可能会通过非法手段阻碍区块链技术的应用和推广；其次，相关的政策机制不够完善，区块链并不是独立存在的，在进行应用过程中，必须要接受相关机制的监管，才能够引导其向着正确的方向发展。但是，目前区块链技术的应用领域比较少，监管体系缺乏，这也是区块链技术在应用过程中面临的重要挑战。

跨境电商企业对区块链技术的认可程度不高。区块链技术尚处于初步发展阶段，而且在其他领域的应用成功案例比较少，跨境电商需要确保整个交易流程万无一失，不敢轻易使用区块链技术。因此，可以说跨境电商对区块链技术的认可度不高，主要体现在：首先，区块链技术的优势主要集中在理论方面，在实际应用过程中，跨境电商并没有看到明显的优势，一方面是因为区块链技术发展的时间尚短，应用领域比较少，其优势体现不够明显，另一方面，目前针对区块链技术的研究不够完善，跨境电商企业担心使用区块链技术后会存在风险，因此拒绝尝试新的技术；其次，跨境电商的相关技术发展并不完善，例如，很多落后的国家，其网络设施建设不够完善、区块链技术的相关研究不足，无法支持跨境电商对区块链技术的应用需求，这就导致跨境电商企业在进行合作时，需要同时兼容传统合作技术和区块链技术的应用，很多企业不愿意投入更多的人力物力，同时支持两种合作方式的开展。

四、区块链＋跨境电商的发展策略

建立和完善相应的监管机制。综上分析，区块链技术在应用过程中具有明显的优势，但是任何技术的实施都需要在完善的监管机制下运行，才能够确保其发展方向的正确性。所以，推动区块链技术在跨境电商中进行应用时，需要建立和完善相关的监管机制，为此可以参考以下几点：首先，建立和完善相关的法律法规，对区块链技术在跨境电商中的应用过程进行严格约束，能够有效监督使用者的行为，避免企业利用区块链技术中存在的漏洞进行违法犯罪行为；其次，要制定区块链技术的统一标准，尤其是跨境电商方面的标准需要尽快推出和完善，可以邀请相关企业积极参与世界区块链技术的交流，推动技术标准体系的形成，要求在后续的研究和应用过程中，严格遵循相关的技术标准，能够更好地促进跨境电商企业之间的协调统一。

引导区块链技术的应用和发展。我国针对区块链技术的研究尚在进行过程中，距离应用还存在一定的距离，因此国家需要积极引导区块链技术的应用和发展，促进其在技术研究和实践领域的不断突破：首先，对区块链技术的研究和应用进行积极引导，一方面，需要为区块链技术的研究提供资金、人力等方面的支持，促进区块链技术的不断成熟，能够更好地应用到跨境电商领域中，另一方面，需要对区块链技术的应用进行积极引导，为区块链技术的应用企业颁发相应资质，促进市场的良性竞争；其次，要对区块链技术进行宣传和推广，使得人们更加深入地了解区块链技术的概念、特点及优势，提高对区块链技术的认可程度，降低应用过程的难度；最后，要引导区块链技术的阶段性改造，区块链技术与传统技术存在较大的差异，因此使用者需要较长时间的适应，才能够熟练掌握区块链技术的使用，而且在改造过程中也需要按部就班地实施，逐步发现区块链技术在应用中的不足，然后进行针对性的完善。

构建区块链技术应用的完整生态。区块链技术在应用时，需要完整的生态环境进行支持，才能够获得持续的发展动力，也能够更加深入地应用到跨境电商的各个领域中。因此，构建区块链技术应用的完整生态，可以参考以下几点：首先，鼓励跨境电商企业使用区块链技术进行交易，政府可以通过与大型跨境电商企业的合作，引导其应用区块链技术开展跨境电商领域相关的业务，其他小型跨境电商企业，为了与大型企业建立合作关系，也会积极应用区块链技术对传统跨境电商业务流程进行改造；其次，跨境电商企业除了需要在支付、物流等领域应用区块链技术之外，还可以在其他领域尝试使用该技术，例如：智能合约技术，可以对跨境电商企业的行为进行严格制约，按照流程自动、实时地执行合约的内容，避免跨境电商企业交易中的风险；最后，鼓励跨境电商企业建立信息交流的平台，可以讨论区块链技术应用过程中存在的问题和不足，相关研究机构能够实时获取技术应用的反馈信息，并对区块链技术进行针对性改进和完善，促进其在跨境电商应用中的不断发展。

综上所述，我们对于区域链技术自身的各项优势特点有了一个更为清晰的认识，看到了将其运用于跨境电商领域是信息时代不断发展的大势所趋。目前处于社会经济、科技不断变革的复杂环境下，区域链技术与跨境电商之间的结合可谓是机遇与挑战共存。我们要想实现区域链技术优势作用在跨境电商领域中的充分发挥，就必须加强对区域链技术的深入研讨，不断发掘其现在优势，通过相关监管机制的完善来对区域链技术在跨境电商领域中的应用进行科学引导，以此来积极构建区域链技术应用的完整生态体系，推动区块链技术在跨境电商领域进行更加深入的应用，同时为其他领域的使用提供参考。

第十节　跨境电商与物流协同的实现路径

跨境电子商务作为新兴业态正在中国蓬勃兴起，不断扩展平台商品种类、完善售后服务，未来中国跨境进口电商市场的交易额会继续以增长的趋势向前发展。

一、跨境电商物流现状分析

（一）跨境电商的物流模式

跨境进口电商主要有三种物流模式：目前，跨境进口电商平台的物流主要有海外直邮、海外拼邮、保税进口三种模式。物流的运营模式则可以分为三类，分别是第三方物流运营模式、平台自建运营模式和转运运营模式。

（二）典型跨境电商平台的物流发展现状

①网易考拉海购。以保税仓为核心，涵盖保税、海外直邮、海外集货、一般贸易等多种形式。已建成和在建保税仓面积位居行业第一，杭州、宁波、郑州、重庆、深圳、天津五大保税仓覆盖全国，并在跨境行业首家实现"次日达"服务。②天猫国际。"海外集货＋国内保税"的物流模式：海外集货服务、保税仓物流服务、GFC 海外备货服务。保税区 3 ~ 7 天，海外直邮 7 ~ 14 天。③京东全球购。支持全部跨境电商通关模式，拓展海外仓以及保税仓，不断丰富和优化线路。已经建立了荷兰、中国香港、中国杭州等多个海外仓和国内保税仓，加强与国际供应链、保税仓的无缝对接，真正打通从海外到中国消费者"最后一公里"的通道。

（三）海外仓现状

一直以来，大家都热衷于海外仓的建设，传统的海外仓只解决了物流仓储问题。国家现在针对海外仓的支持方式还是停留于传统的海外仓，这样导致基础设施建设公司为了获得国家高额补贴，修建了大量空置海外仓。

（四）"一带一路"为跨境电商物流的发展带来的商机

随着"一带一路"倡议的实施，中国与"一带一路"沿线各国的双边贸易额在同步上升，也带动了投资和旅游的发展，这意味着巨大的跨境支付市场将被打开，同时海陆空渠道也逐步建成，为跨境物流行业带来了广阔的发展空间，带动了国内跨境进口电商产业的发展。

二、跨境电商与物流协同的实现路径

(一)优化配送环节,完善有关管理规范

通过跨境物流商品会经过输出国物流、输出国海关与商检、国际货运、输入国海关与商检、输入国物流,还会出现退货换等逆向物流。在保税区、通关、检验检疫、工商等与跨境物流配送相关环节,制定调整优化措施,进一步完善有关管理规范,推进贸易便利化,促进国内物流快递企业的国际化发展;鼓励大型国际快递企业与国内电子商务企业、物流配送企业实施多元化配送模式尝试;出台跨境物流配送企业服务质量标准,促进跨境物流配送企业提质增效。

(二)升级海外仓的功能

将传统海外仓升级到数字贸易中心,数字贸易中心(DTC)是集售前、售中、售后服务为一体,既包含产品售前咨询、前端的展示、产品的营销推广功能以及基础的仓储物流服务,又提供产品的售后维修、退换货等全方位的服务,并从数字贸易中心的实际运营和服务等方面,作为国家鼓励和支持的标准和政策,相关国家基金与专项资金能够配套支持。

(三)完善跨境物流体系,推进跨境物流业务外包,实现专业化运营

与传统电子商务相比,跨境电子商务表现得更加复杂,各类风险也更多,因此自建物流资源的整体优势将不再突出。尽管也有个别跨境电商如京东等,在尝试自建跨境物流体系,但大多数跨境电商都倾向于将物流业务外包给第三方物流或第四方物流,即便是京东也将其大部分业务委托给了第三方物流资源,借助专业化的资源与经验,推动商品的跨境流通。这些第三方跨境物流资源不仅包括国际邮政包裹、国际快递等传统第三方跨境物流资源,而且包括专业从事跨境电子商务业务的跨境物流资源以及新兴的第三方物流资源、第四方物流资源,如俄速通、递四方(4PX)等。第四方跨境物流能够有效整合物流供应链资源,在跨境物流中不再仅仅聚焦于库存、运输路线、终端配送等单一服务项目的改进,而是通过整合输出国与输入国相关基础设施、技术信息与数据资源,提供集约化、差异化、个性化的跨境物流整体解决方案,实现供应物流、输出国物流、国际运输、输入国物流、输入国配送、输出国海关与商检、输入国海关与商检以及商品流、资金流、信息流等环节的整合,最终实现跨境物流业务的价值增值。在输出国物流与配送服务方面,由于跨境环境差异的存在,物流与配送服务更需要通过第三方、第四方物流外包方式来实现。

第三章　网络营销模式研究

第一节　故宫文创的网络营销模式

随着互联网的迅速发展和电子商务的出现，越来越多的品牌借助网络进行营销推广。故宫文创可以说是其中的佼佼者，凭借着出色的网络营销模式树立了自身的品牌形象，而且经营的创意文创产品也赢得了大众的喜爱与追捧。本节将从故宫文创的网络营销路线入手，分析故宫文创的成功之处，并结合具体网络表现研究它的营销模式。在变幻莫测的网络时代，故宫用自己的创新打出了一片特色文创市场，其中暗含的线索值得我们探究。

随着时代的发展进步，互联网在人们生活中的参与度越来越高。"互联网+传统行业"也成了潮流趋势和发展方向，立足当下，可以说互联网对社会资源的优化配置起到了巨大的推动作用。互联网有关的创新成果渗透进入社会各个领域，不断更新全社会的生产力水平。

2019年2月28日，CNNIC互联网研究发布最新2019版第43次《中国互联网络发展状况统计报告》，数据显示截至2018年12月，我国手机网民规模达8.17亿，全年新增手机网民6433万人，网民使用手机上网的比例为98.6%。

近年来，互联网高速发展的同时，电子商务也在不断崛起。报告显示2018年我国电子商务产业发展水平进一步提高，电商平台收入达3667亿元，同比增长13.1%。淘宝、京东、亚马逊等网上平台给消费者提供了高效、便捷的互联网购物体验，给传统实体店带来了很大的冲击。通过这几年电商的发展可以看出未来线上购买将会成为大部分人们的消费首选。

故宫便借助电子商务与网络营销为自己的变身打了一个漂亮的翻身仗。近五年来，故宫凭借创意文创和优秀的网络营销实现了传扬传统文化精华与高增长收益的双赢。2015年起故宫淘宝将历史元素和现代工艺充分融合，打破历史与现代的隔离感，用生动有趣的创意文创产品征服大众，以诙谐亲和的形象固稳粉丝，可以说是给文创产业注入了新活力，推动了文创产业的新发展。其实文创行业这些年来的发展一直存在着很多问题和障碍，各个博物馆推出的文创产品也饱受争议，无趣、缺乏创新、不够吸引人等声音不绝于耳。怎样才能让古老的文化在现代绽放别样魅力？怎样才能让死气沉沉的文创产业被人看到？怎样才能让优秀的传统文化被大众追捧了解？故宫这个超级大IP交出了一份不错的答卷。

日常生活中有关故宫的话题在社交媒体上频频出现，推出的文创产品也屡屡掀起网友大讨论，无论是线上店铺还是营销模式都得到了大众的认可与好评。本节就将根据故宫的具体互联网表现，结合相关营销理论分析它的网络营销模式的成功之处。

一、概念界定

网络营销，亦称作网上营销或者电子营销，指的是一种利用互联网的营销形态。互联网为营销带来了许多独特的便利，如低成本传播资讯与媒体到听众、观众手中。互联网媒体在术语上立即回响与引起回响双方面的互动性本质，皆为网络营销有别于其他种营销方式独一无二的特性。互联网的飞速前进产生了许多依附而生的新媒介，这些新型媒介颠覆了原有的传统媒介，带来了新的发展格局。所以网络营销的出现自是必然，这扩大了营销渠道的数量，也扩充着营销理论。当前网络营销的主要手段有搜索引擎、论坛、微博、微信和其他各类 APP 等。

当下互联网飞速发展的状态下，网络营销的成功起到的作用不可估量。网络营销的直接对象就是大众，得到的反馈也是及时迅速的。网络用户的流动性与活力将新媒体营销的作用扩大数倍，正影响与负影响的回报都显而易见。由此，在现代网络营销的能力对于一个企业团队来说是至关重要的，是他们"软实力"的一部分。

二、故宫文创的网络营销路线

历史传统与现代流行的巧妙融合。故宫本身作为一个超级大 IP，可以挖掘的商业点众多，但是古老和传统的呆板印象使得它无法引起人们的兴趣，大家不愿意听无聊的文物讲解或是历史介绍。2015 年以前，故宫博物院的文创产品鲜有人问津，在飞速变化且追求个性化的今天，没有人愿意为过时的事物买单，大家都在拼命地追赶潮流，绝不"out"。转机出现在 2015 年，故宫淘宝开始转型。在故宫淘宝网络店铺里，它的产品无一不充满创意与趣味，着实抓人眼球。比如骨瓷杯上用的是雍正皇帝的御批文字"丝毫无虑，尽量发胖"；冰箱贴做成牌匾的模样，上书"冷宫"，这种文创产品兼具历史底蕴和萌趣，圈粉效果极好。历史在现代语境中碰撞出了新的意味，空间的穿越和置换，过去与未来的连接，使得产品兼具各种反差萌，可以说是把历史传统和现代流行巧妙融合。

网络流行的运用与引领。无论是故宫淘宝的官博文案还是微信公众号的推文都紧跟网络潮流热点，积极运用各种网络流行语，同时打造自己的网络形象定位，确定语言风格。这种塑造方式使得官方运营账号拥有自己的独特人设形象，用户也乐意以这种语言模式和官博互动。网络流行语往往是大家广泛使用的话，具有快速传播和趣味性的特点，网络社交中网络流行语的使用可以拉近彼此距离，快速增加熟悉感。所以故宫官方运营选择这种交流风格是很明智且讨喜的，能够博得大众好感，让大众喜欢和你互动，乐于和你互动，这样拥有固定粉丝和支持者后，文创产品自然有人追捧，从而形成潮流。

精准定位用户画像。故宫淘宝将市场定位在年轻人，所以整体周边产品风格也走的是卖萌、"逗比"风。产品设计年轻化、潮流化，满足年轻人自我表达的需求。从营销效果看这些产品的确受到了年轻人的喜爱，据微指数中的故宫博物院用户分析，25～34岁在用户群体中占比最高，19～24岁的用户潜力也很大。用户画像是否精准直接影响到企业自媒体运营效果，这样根据用户画像来进行精准营销的方式非常成功。

引发话题关注。话题营销也是必不可少的。2016年，纪录片《我在故宫修文物》在B站爆红，点击量超过百万，里面展现了故宫文物修复工作者的日常工作与生活，多年如一日的沉默坚守在现代浮躁社会显得更加难得。如果说《我在故宫修文物》给人们留下了大气沉着的故宫印象，那么《国家宝藏》和《上新了，故宫》两档综艺节目便让大众深刻感受到了故宫的深厚传统文化精华的无穷魅力。尤其《上新了，故宫》由故宫博物院和北京电视台等联合出品，"零距离"走进公众视野，节目每期诞生一个引领热潮的文化创意衍生品，打造"创新"与"故宫"相结合的制作模式，引领观众去发现和了解故宫历史的美，趣味性和知识性兼备。这有利于故宫对自身底蕴的宣传和推广，更有利于故宫在现代社会、在年轻人心中绽放新的光彩。

除去打造综艺节目带来的热点话题度，故宫文创在产品推出上也是颇具新意，引发大众讨论。比如故宫淘宝推出的故宫彩妆，涵盖口红、眼影、腮红、高光在内，共计12款彩妆产品，将故宫特色融入彩妆的设计中，不仅包含故宫2017年调侃的三大"斩王色"："宫墙红"、"郎窑红"、"胭脂红"，还包括了取自雍正朝瓷器颜色的"祭红"、源出均窑玫瑰紫釉的"紫靛"、来自康熙朝豇豆红釉的"美人霁"三种色号；故宫"初雪"调料罐，一套三个，造型分别为宫墙、石狮和铜鹤，只要在调味罐中放入食盐或者白糖，就可以呈现出雪落琉璃瓦、雪盖石狮铜鹤的场景。这些产品不仅创意满分，还拥有"神仙颜值"，且自带情怀，引爆话题也就不足为奇了。

三、故宫文创网络营销的具体表现

（一）微博营销

风格吸睛。故宫淘宝官博的运营风格可以称作"软萌贱"，颇有现下流行的"段子手"的意思。语言接地气，语气活泼、形象生动，软萌的包装下往往是知识性内容，使得博文更加优质，既满足用户获取知识的渴求，又可以带来轻松诙谐的效果。故宫淘宝成功为自身吸引了关注和热度，因此拥有了大批粉丝和忠实用户。

注重互动。故宫淘宝官博平时除了固定的内容运营，还会频繁和粉丝互动，比如抽奖发福利、日常点赞有关粉丝买家秀的相关微博，既保持了和粉丝的良好关系，又能进一步展示自己店铺的产品，从而吸引到更多的人去逛店铺，可以说是一举多得。此外故宫淘宝官博还会偶尔和其他博物馆官博互动，时不时互相调侃逗趣，粉丝们也看得津津有味。当然在这些过程中，故宫淘宝是边有趣边宣传了故宫的文化，加深粉丝对故宫的了解。

此外用户还能反向驱动创新，比如故宫淘宝新出了一款冰箱贴，叫"冷宫"，大受欢迎。其实，这个创意最初来自一个用户的提议，之后有网友转发提议和海尔合作做一款宫殿外形的迷你冰箱，海尔也很大方地转发互动了。如此有来有往，既能从用户那里获取产品反馈加以改进，又能获得创意灵感产出新的产品，此外还能增加用户黏性，留住用户。

（二）微信营销

微信公众号作为微博平台的补充。故宫淘宝公众号和故宫博物院开设的"微故宫"公众号都经常有 10 万以上的阅读量，提升了用户推广的深度与广度。

激发用户的好奇心。故宫淘宝的微信公众号标题画风一般是这样的：《朕要给你一个惊喜》、《朕这里有本秘籍，传内不传外》等，配图也是一如既往的搞怪逗趣。用户看到的瞬间就会被逗笑，好奇本节内容，自然有兴趣点开一探究竟。这种设置悬念的标题也充分展现了新媒体营销的特点，能够迅速抓住用户注意力的本节基本就是成功营销。

妙趣横生。故宫淘宝的微信公众号本节具有很强的联想和"造梗"能力，就算是推荐商品的广告软文也能让你看得趣味十足，哈哈大笑，心甘情愿地吃下"安利"。它带给浏览者的快乐感远可以弥补人们对它功利性营业的厌恶感。此外，"故宫微店"公众号还推出了故宫主题系列表情包和壁纸。例如，其开发的皇帝"起来嗨"系列表情包，获得用户一致好评，他们还通过微信朋友圈进行口碑传播，扩大了故宫文化和产品传播的深度和广度。

功能明确。公众号"微故宫"包括"看一看"、"逛一逛"、"聚一聚"三个板块。第一个板块包括故宫咨询、展览信息、活动讲座三部分内容；第二个板块包含参观服务、故宫全景、故宫展览、故宫藏品、故宫微店等内容；第三个板块包含故宫 APP、表情包和小程序等。用户可以获取有关故宫博物院的相关资讯与服务，还可以下载故宫 APP 和表情包。可以说是功能明确且实用。

故宫文创在网络技术日新月异的今天，抓住了转型的良好时机，凭借成功有创意的网络营销和优质产品为自己谋得新的发展，更是在博得关注的同时推动了优秀中国传统文化的发扬，为文创产业注入了新的活力与血液。无论是微博营销还是微信营销，抑或是其他网络营销手段，故宫都做到了对用户画像的精准把控，对年轻化、流行化进行深刻理解，不断在复杂的市场中找到自身的准确定位，从而将自身打造成潮流大 IP，屡屡引爆话题的同时收获大批粉丝和支持者。成功从不是偶然，我们应从故宫文创的网络营销模式上学习到优秀经验，获得相关启示，在创新的道路上不停前进。

第二节　农产品网络营销模式

我国是世界上人口最多的国家，农产品不仅关系到农民的生产，更关系到国家经济的发展和社会的进步。在互联网高速发展的环境下，网络化营销发展速度也越来越快，基于农业的重要性，本节从简要阐述农产品网络营销的概况入手，分析我国农产品网络营销中存在的问题，并针对这些问题研究其解决策略。

农产品的网络营销主要是指以互联网为途径而开展的关于农产品的营销活动，包括在互联网上发布农产品的信息、市场调查、促销、交易洽谈、付款结算等活动。

一、农产品网络营销模式的概况

传统的农产品营销方式在我国存在的主要问题。农产品的传统营销方式存在很多问题，如：农户因对农产品市场信息闭塞造成对市场变化反应迟钝、流通渠道环节多造成的效率较低、农产品交易市场的管理不规范、农产品流通服务体系不健全等等，这些问题都要求改变农产品传统的营销模式。

农产品网络营销模式的优势。第一，互联网的出现为农产品的网络营销提供了技术，农产品网络营销对于降低农产品的销售成本、提高产品的竞争力和农民的收入有着促进作用；第二，我国是一个农业大国，也是个人口大国，农产品的品种众多，需要借助网络营销以激发企业的发展潜能，促进农产品的销售；第三，随着电子商务的广泛运用，新的销售模式，为农产品在网络平台上的流通创造条件，从而完善农产品销售系统，保证农产品销售的有序进行。

二、农产品网络营销存在的主要问题

农产品的网络营销作为一个新领域，在我国目前还处于发展阶段，尽管部分地区对农产品的网络营销模式进行了探索与尝试，但依然存在一定的困难。总的来讲，在网络营销推广农产品的过程中还存在着不少问题。

网络基础设施薄弱。互联网的普及程度是网络营销的重要基础，有关资料显示，截止2015 年 12 月，中国农村网民规模达到 1.95 亿，虽然有了较大幅度的增长但在农村总人口中所占的比例依然比较小，这一问题使得农产品的相关信息不能得到及时的传播，给农产品企业实行网络营销带来了困难；其次，很多农户及农业企业的网络配套设施不齐全，这在一定程度上阻碍了网络营销的顺畅。

农民信息意识和信息利用的能力弱。随着网络信息时代的到来，信息资源成为影响一个企业发展的一种重要资源，但我国农业生产和销售领域对信息资源还缺乏足够的认识。由于受文化程度的制约，农民信息意识和利用信息的能力普遍不高，因此对电脑和网络的应用也十分有限。由于受经济条件的限制，部分农民没有及时从网上获取信息的条件，由于受到文化的限制，他们也没有什么能力可以对获取的信息进行分析和筛选，更不可能在网上发布信息。因此，要进行网络化农产品营销，必须提高农户信息意识和信息获取、分析和使用的能力。

电子商务网站专业化水平较低。我国的电子商务网站专业化水平较低主要体现在以下几个方面：第一，就目前来说，涉农网站在形式和内容上有很多相似之处，专业水准不高，特色不明显；第二，除了少数有影响力的国家级网站，大多数网站建设的水平不高，网站的内容重复性大、更新的周期比较长，多数的网站信息仍然以宣传本地的农业为主，而真正指导农民生产的信息则比较少；最后，涉农网站地域分布不平衡，经济发达地区涉农网站数量较多，呈现东南沿海地区专业化水平高，中西北部地区水平低的现象。

农产品网络营销环境不健全。农产品网络营销的健康发展需要健全的网络营销环境作为支撑。就目前来看，我国的网络支付还存在着安全隐患。网上购物的安全性难以保证，加密技术还有待改进，这一问题使部分消费者不敢轻易尝试网上交易，而且，如果因支付信息泄露而造成的经济损失，我国也并没有相关的法律赔偿政策，最终影响网上的大额交易。同时，市场行为缺乏必要的自律和严格的社会监督，在现在的生活中，利用网络进行诈骗的案件众多，何况是在虚拟的空间中进行的农产品的交易出现欺诈行为的可能性更大。

农产品网络营销人才的供不应求。农业电子商务的建设需要大批营销人才，这些人才不仅需要对网络技术很精通、还需要懂得营销管理、现代农产品知识和农业经济运行的规律，他们能够通过网络掌握农产品的供需信息，并且对农产品的产销情况进行准确快速的分析，从而来适应农产品市场的快速变化，以便调整产销策略促进农产品的顺利交易。但就目前来看，类似这样的营销人才还比较缺乏，尤其是就我国农村的现状来看，那些在农村务农的农民文化水平偏低，且相关培训投入的经费少，在我国广大农村地区，大部分农民并不具备把现代信息技术应用到从事日常农业活动的能力。

农产品标准化程度比较低。农产品要实现网络营销要求至少实现以下几个方面：农产品根据质量区分不同的等级、包装要有不同的规格、产品的编码要标准化。农产品的标准统一是能在网络上更好的销售的基础，但就我国农业的现状来看，生产方面并没有实现规模化，农产品品质还有待提高，品牌化、绿色化等方面都有待加强。我们的农产品要实现标准化还有一定的困难，如我国的农户生产规模小、农产品的品种、质量等方面存在差异，不利于农产品标准化的实现。

三、农产品网络营销模式的改进策略

完善法律法规。就目前来看，我国并未形成健全的监管系统，法律法规还不完善，很多人对不守信用所带来的后果并没有形成理性的认识。当前，我国的农产品网络营销模式还处于发展阶段，从法律来上，几乎没有建立相应的法律制度和处罚条例，就处罚力度来说，对网上信用欺诈的处罚远远不够。因此，国家要建立健全网络交易的监控体系，并且对网上交易的违法行为进行明确且严厉的严惩，确保农产品网络营销的长远发展。

加强偏远地区的网络设施建设。农产品生产和发展主要依靠农村地区，而我国农村地区又比较闭塞，很多地区经济发展比较滞后，网络设施的建设比较落后，为此，国家应该加大财政补贴，以便促进农村等偏远地区的网络设施的建设，让更多相关农产品的网络信息能够及时地传进和传出，也能促进农产品产出的各个地区建立起农产品营销网络的体系。

完善网络安全支付环境的建设。安全的网络支付环境是消费者购买从网上购买农产品的前提，也是企业在网上交易的前提，安全的网络支付环境至关重要，所以要创建安全的支付环境，企业要规范其网站，并且经常检查支付环境是否安全，如果发现漏洞及时修复，避免病毒的侵入，以便保护企业的数据安全和消费者的财产安全，尽量避免消费者造成财产损失。

提升企业对农产品网络营销的观念认识。观念决定企业的前途和方向，所以企业要明确网络营销对自身发展的重要性，只有企业本身相信网络营销可以给企业带来更大的发展空间，消费者才有可能改变他们原有的消费观念而敢于尝试网上购物。因此，企业应该转变营销成本的投入，减少部分用于传统销售渠道的资金，将部分资金转移到网络营销的成本中，用网络这一平台缩小自身与其他企业的差距，促进企业的发展，提升农产品企业的市场竞争力。

提升农产品企业网络诚信。企业进行网络营销的目的是提升农产品的销量，从而拓展产品的市场。信誉在企业生存与发展中至关重要，一个具有较高信誉的企业会受到更多消费者的青睐。为此，企业应该加强监察力度，也要及时听取消费者的意见并给消费者反馈，消费者对假冒伪劣产品及时进行举报，一方面可以保护自身的合法权益，另一方面可以避免假冒伪劣产品对企业的信誉造成负面影响，从而影响消费者网上消费农产品的积极性。

吸纳和培养网络营销的专业人才。农产品企业可以聘请专业的老师进行网络营销的培训，让员工意识到网络营销的重要性，并掌握其基本营销方式；也可以聘请专业的网络营销人才进行农产品的网络营销，网络营销人员需要具备计算机基本知识，同时也可以快速接受企业的发展理念，以及农产品的基本知识，充分发挥网络营销人才的作用，促进企业的更好发展。

当今各个行业的网络营销的展开也是越来越激烈，他们不断地利用网络这一平台为企业的发展拓展更大的空间。不过由于我国目前还处于网络营销的初级阶段，很多方面的发展还不健全。许多企业在利用网络营销方面还有所顾虑，有些企业不知如何合理利用网络，有些企业因为技术还不够成熟，造成营销活动无法顺利展开。但由于网络营销有很多优势，越来越多的人关注到这个领域，农产品也不例外。相信在短短的几年之后，农产品的网络营销在我国会成为农产品的主要营销方式，人们足不出户就能了解到更多的关于农产品信息，这一营销途径不仅可以促进农业的发展，还促进我国经济的增长。

第三节　新媒体环境下网络营销模式

随着科技的飞速发展，新媒体越来越受到人们的关注，新媒体因自身天生具有的优势正在不断占据媒体市场的半壁江山。本节通过分析新媒体环境下网络营销活动的特征和基本模式，利用新媒体优势与特征为企业网络营销活动带来的益处，提出在新媒体环境下企业进行网络营销活动的策略和建议，更好地提高营销活动的效果。

新媒体是信息技术和互联网技术迅速发展的新产物，在新媒体带来全新体验的时代，营销思维也带来巨大改变。现代社会工作与生活节奏的加快，人们的休闲时间呈现出碎片化倾向，呈现随时随地地互动性表达、娱乐与信息需要，新媒体正是迎合了这种需求而生的。互联网驱动的新媒体深入到人类生产和生活的各个领域，通过互动和互融使多种媒体之间逐渐形成了开放式的连锁链条，这样的媒介生态对于营销来说也是颠覆性的。越来越多的企业也意识到新媒体带来的全方位的挑战，从而努力在品牌战略或营销上寻找变革机会和发展策略。

一、新媒体环境下网络营销的特征

新媒体环境下的网络营销活动是将新媒体特色与营销活动相结合，借助于新媒体平台进行营销，营销活动更具个性化特征、产品的信任度高，更契合用户的需求。新媒体环境下的网络营销活动是企业软性渗透的商业策略在新媒体形式上的实现，通常借助媒体表达与舆论传播使消费者认同某种概念、观点和分析思路，从而达到企业品牌宣传、产品销售的目的，通过新媒体传播的产品信息更容易受到消费者的信赖。新媒体环境下的网络营销有区别于传统媒体营销，其主要特征体现在以下几点：

多点对多点的传播方式。基于新媒体环境下的网络信息传递实现了多点对多点的信息传播方式，彻底颠覆了传统媒体中一点对多点的单向传播。传统营销中主要是通过单方向强制性营销活动，在消费者心里留下强烈印象，从而影响者的购买行为；而新媒体环境下的网络营销以用户为中心，关注用户的消费需求和产品体验。多点对多点的传播方式所造成的指数级传播是传统媒体所不能相比的，其传播效果也令人惊讶，这正是互联网营销的媒体，随着社交网络时代的来临，信息的传播速度越来越快，就像六度空间理论一样，一个人认识六个人就能认识全世界，这样的传播速度是以往所有媒体都无法做到的。

超越时空性。新媒体环境下的网络营销活动能够超越时间约束和空间限制，企业能有更多的时间和空间进行营销活动，内容承载量更多，因此使得脱离时空限制达成交易成为可能，保证网络营销能够超越时空的限制，更好满足用户需求，达到营销效果。

双向互动。基于新媒体的网络营销则是由传统营销的单向宣传模式转变为双方共同参与的双向互动模式。在新媒体环境下，企业可以通过网络营销方式进行推广，通过社交手段实现双向互动，大大提高消费者参与企业营销活动的积极性和主动性，使企业更易于获得关于消费者需求的精准信息，有助于企业实现营销目标。

降低营销活动成本。企业传统营销活动需要花费一定的成本，新媒体时代的网络营销活动的最大特点则是降低了营销活动的整体花费，在发布信息时要花费的成本几乎是没有的，而受众更是不用支付成本就能得到信息。利用新媒体的功能，企业能够进一步减少费用，从而适时的可以实现舆论监控。

二、新媒体环境下网络营销模式

新媒体营销指微信、微博、论坛、搜索引擎等传播方式。其中新媒体营销，即新媒体环境下的网络营销模式，是指利用新媒体平台进行营销的模式，新媒体营销改变了人们的营销思维，是随着互联网的高速发展应运而生，是在以自媒体平台、视频平台等传播渠道基础上建立的营销模式。

社交媒体营销。与其他网络营销工具如搜索引擎、电子邮件不同，社交媒体营销是以信任为基础的传播机制，通过消费者积极主动自愿参与的方式来影响其他消费者的消费决策，使得产品品牌可以以级数递增的方式在用户中传播扩散。社交媒体用户黏性高，目标客户群定位清晰，为产品品牌提供更加精准的用户群。如在微博和微信等社交平台上已经聚集了一大批商业账号和营销账号，他们就是利用社交媒体的互动属性，成为目标消费者和大众交流平台，社交媒体具有的参与、公开、交流、连通性、社区化等特点，使得社交媒体可以激发感兴趣的受众主动地贡献和反馈分享信息。社交媒体营销占有的市场份额还在不断增长，社交媒体已经不仅仅是朋友们互动共享的社交工具，而成了一种全新的商业竞争模式。

搜索引擎营销。搜索引擎营销是一种利用多种方法来提高品牌，产品或服务的市场知名度和曝光度的过程。搜索引擎在互联网发展早期的网络营销活动中具有举足轻重的地位。随着新媒体环境下企业对网络营销活动重视程度地加深，搜索引擎可以实现目标用户精准定位，实现目标用户精细化管理，通过目标用户分析有针对性地投放精准广告，提升产品展现量和点击量，提高产品转化率，根据市场情况不断调整推广策略，搜索引擎营销将创造更多的市场机会。

视觉化营销。视觉化营销是一种可视化的视觉体验，是通过视觉达到产品营销或品牌推广的目的，通过视觉的冲击和审美视觉感观激发用户的兴趣，达到产品或服务的推广。比如通过网红进行网络直播就是一个很好的营销策略，网红所拥有的粉丝群体一般都是在某一方面具有相同的价值观，因此通过直播互动，可以实现传播者和用户之间的双向沟通，消费者会通过购物分享心得体会进行无意识的营销。视觉化营销的目的就是把商品的价值和效果最大化，并且通过凸显，打造一个让目标顾客容易看、容易选、容易买的在线购物场景。

三、新媒体环境下网络营销与传统营销的区别

分享观点，而不是推销产品。传统营销是单向、强制性地向消费者进行产品营销，由于消费者接受的信息过多，而且可选择的商品数不胜数，这种不痛不痒的信息只会被他们

当作垃圾信息过滤掉。所以，需留住用户的注意力，让产品的信息在用户大脑中做加法。品牌想要攻占用户的心智，需要披上观点的外衣，如果能巧用意见领袖的力量，更能在消费者心中留下深刻印象。

寻找有效流量。过去的营销都是抢渠道、抢流量，但是如今渠道再多，流量再大也不见得可以营销成功。互联网的流量入口在不断地变化，大平台流量虽然不错，但是流量精准度相比于流量多少更为重要，移动端的流量变得不容忽视。随着这一点的改变，渠道的地位也已经不再强势，品牌的投放渠道也从各大平台的显眼位置向小而精的移动端转化。

以消费者为中心。如果不想让营销信息被消费者当成垃圾过滤掉，就要熟知受众都喜欢什么样的信息，而什么样的信息会被过滤掉。营销者必须比任何人都清楚消费者的喜好、思维模式，才能对要表达的信息做出决策，而营销重点也要从产品本身移到消费者身上。现在已经过了产品为王的时代，在营销过程中，品牌必须将自卖自夸的心态转变为投其所好，把注意力放在消费者身上而不是产品身上，这样才是明智的。

四、新媒体环境下网络营销策略

正确把握新媒体的特性和规律。新媒体得到业界广泛认可，怎样采用新媒体来进行营销传播，成为大家关注的焦点。首先要全面剖析新媒体，了解内在的发展特点。新媒体传播并不简单，如果不清楚它的规律而断然采取措施，效果自然不是很理想，且造成无序的状况，因此要了解新媒体的特征和规律。

充分利用新媒体不断拓展新的营销传播方式和手段。新媒体的扩展也滋生出很多新营销方法及广告形式，例如事件营销、焦点渗透、口碑传播、反向沟通、社区营销、病毒营销等。新营销传播手段的关键就是企业怎样去很好的采用这些特征，和潜在消费者强化交流和联系，最终可以清晰地明确他们的需求，进而知晓他们、服务他们，建立起长久的合作联系，达到消费者的需要，满足他们的苛刻要求。

促进新媒体与传统媒体的有效整合和互补。和传统媒体相比，新媒体的传播优势是显而易见的。但同时，这也不能说明我们要舍弃传统媒体。相应的，如果新旧媒体强强联合，资源共享，就可以进一步开发传播渠道，最终达到最优的传播价值。同时，在营销学和广告学中，媒介组合策略占据着较高的地位。通过进一步了解新旧媒体的各自特点，能够实现两者的优势互补，从而采取高效的媒介组合策略，将有利于整合营销传播，带来的意义较为深远。

完善企业危机公关应对策略。对企业来讲，如果充斥了负面消息，那么负面影响将会延续很长时间。因此，新媒体整合营销传播必须全面、适时地利用新媒体优点，达到合理、高效的公关模式，进一步建立健全危机预警机制，同时与各类媒体友好合作，积极主动地对待突发危机。

新媒体对个人和社会的渗透是方方面面的，新媒体在给网民提供展示自己舞台的同时，也赋予大众更多的自由权利，这深刻地改变了用户的思维习惯，这也使得网络营销者在新媒体环境下必须不断地适应营销环境的变化、消费者消费习惯和思维习惯的变化，需要结合多种渠道进行整合营销，也可以与传统媒介营销相结合，形成全方位立体式营销。相信随着互联网技术和新媒体应用不断成熟，新媒体环境下的网络营销活动将会发展得更好。

第四节　智能电网下电力网络营销模式

电力营销，就是要在不断变化的电力市场中，通过一系列的供用关系调节措施，使得电力利用效率最大化，尽最大可能满足客户的需求。在这个过程中，供电企业不仅要做到与客户建立良好的沟通，对客户的需求做出及时的相应，还要调整电力的价格策略，实现客户高效节能与自身经济效益的双赢。

一、智能电网下电力网络营销存在的优势

降低营销成本。智能电网下的电力网络营销模式与传统的营销模式相比，可以省去中间很多环节包括运货、店面和人力的花销，而且如果将自己的商品放在网络上宣传还可以节省很多广告费用，能很方便地开拓直营销售渠道，通过互联网这一强大的信息交流和传递的媒介，还可以更加方便营销人员和顾客之间的沟通，能够节省很多通信费用和业务人员出差的费用，从而与传统的营销模式相比，大大降低了成本。

电力互联通信。随着我国的经济发展和科技水平的进步，智能电网的覆盖率大，用户数量也特别多，电信通信技术的突飞猛进促进了电信网络、有线电视网络以及电力网络的融合，在这种条件下，电力网络营销有了一个可靠的保障，电力互联通信对于智能电网下的电力网络营销起着巨大的推动作用。

提高客户的满意程度。近年来电力网络营销的迅猛发展增加了电力企业与用户之间的联系，能够使用户在遇到困难和问题时及时与电力企业进行沟通，方便意见的交流和传达，提高了电力企业的工作效率，减少了传统模式下双方沟通之间产生的问题和摩擦，能够使企业一对一的对客户进行服务，大大提高了客户的满意程度，更能够推进电力网络营销的进步与发展。

二、智能电网下电力网络营销模式现状

运营方式不佳。传统的电力行业模式对于相关电力企业显得十分有利，那时电力行业的产品市场前景广阔，利润空间充足，因此电力企业不会为营销电力产品而担忧，将电力的运营模式尽可能的利益化。如今，电力企业的产品虽然占据较大市场份额，但是随着新能源的发明和普及，极大地冲击着电力行业的发展和经营。电力企业在进行电力的网络营

销过程中，要以用户的视角设身处地的考虑，不仅从利益上发展，也要朝经济化和服务化发展，从而在激烈的网络营销中脱颖而出，占据更大的网络营销市场份额。但是电力行业传统运营方法在电力企业中根深蒂固，企业短时间内很难迅速转型，对用户电力网络营销时，依然以利益为中心，对电力相关产品的推广和发展形成严重阻碍。

管理方式欠缺。电力行业的电力网络营销还处于发展期，所以在电力网络营销的推广过程中，管理方式和方法上难免存在一些弊端，如电力网络营销的监督方法和基础服务等。相关工作人员在电力网络营销上竞争的意识十分淡薄，不能有效适应当前网络营销市场上激烈的竞争。电力网络营销如果在对用户服务和沟通上存在能力不足的现象，就不能很好的掌握用户对于电力产品的需求，从而跟不上市场变化的步伐，对电力网络营销的快速发展造成阻碍。在电力网络营销的监督管理上，因为网络的隐蔽性和保密性等特点，电力企业不能对电力网络营销人员的工作情况进行系统的了解和管理，不能有效掌握工作人员的业绩和对用户销售产品的情况，致使电力行业在电力网络营销方面的营运成果不理想，效率低下，没有足够的发展动力。

网络安全性低。计算机与互联网的发展和普及，对信息的要求并不严格，人们不会对言论负责，这使得信息在自由的同时难以保证准确性，致使人们被网络不法分子蛊惑而上当受骗。网络营销中也会发生很多类似的事情，如营销人员在网络发布产品时，夸大了产品的实际功能或价值，为了利益而进行虚假宣传，人们在购买这些营销人员的产品后才会发觉已经上当受骗，这种事件比比皆是。还有一部分企业在营销时成立了企业网站，却没有相关工作人员对企业网站进行定期维护更新，使网站发布的产品内容落后于时代发展，同时也限制了企业自身的发展。

三、智能电网下电力网络营销模式的优化策略

强化网络营销的基础设施建设。在智能电网状态下，电力网络营销工作的开展，应强化网络营销相配套的基础设施建设，注重对相关设备的及时引进，以保证为电力网络营销工作的开展提供更为充足的操作平台与宣传空间，是智能电网条件下电力网络营销工作开展的重要前提。为保证营销工作开展的规范性与安全性，应及时对电网技术与设备的有机结合，提倡环保、经济性的原则，以保证电能的稳定性。基础设施是电力营销工作开展的重要前提，必须保证网络系统的安全性与稳定性，才能达到理想的效果，及时对网络软件、系统等进行升级与维护，聘请专业的计算机对全部的网络终端进行安全维护，并及时做好升级处理，及时修复网络系统的漏洞，以保证电力营销工作的高效开展。

增强营销人员的竞争意识。在智能电网发展的大背景下，电力系统被信息技术连接成了统一的整体，为了提高网络营销的效果，应适度的增强营销人员的竞争意识，将电力企业的发展与自身的职业规划建立联系，能充分发挥自身的责任意识与使命感，为了能让企业在同行业中占据有力的地位而不同的努力。传统的电网运营模式，呈现相对垄断的状态，

致使很多企业缺乏足够的施展机会，逐渐安于现状，竞争力低下。然而，新时期，智能化电网系统的构建，打破了传统的垄断性运营模式，行业竞争力逐渐增大，电力网络化营销得到了不断的普及，为了在同行业中占据优势，获得足够的竞争力，企业必须增强竞争力，从自身着手，积极提升与增强营销人员的竞争意识。

打造优质的企业运营形象。企业的发展重在打造精品服务，提升电力企业品牌的知名度，维护良好的企业形象是关键。在电力网络营销过程中，应时刻融入企业发展意识，能随时将企业的利益视为重要工作，打造更为优质的企业形象，运用网络平台与信息技术实现对电力企业的有效宣传，能及时树立企业在消费者心目中的正面形象、优质形象，利于企业打响知名度，在顾客的心目中能占据有利的地位。

强化营销系统的合理性规划。网络营销工作的开展，若想保证营销工作开展的规范性，必须注重对营销系统的合理性规划，及时对营销系统进行优化性设计，及时对营销中的缺陷予以修补。电力网络营销的开展，切记不可认为有了网络营销就万事大吉，必须要对整个网络营销进行系统性的设计，从电力产品的推介、销售到售后等，必须做到高质量的服务，制定更为优质的营销方案，是提升企业知名度、树立正面形象的重要保证。

伴随智能电网发展的不断深入，分布式电源发电上网需求逐步增大，严重影响了长期垄断经营的电力营销，在经济技术高速发展的今天，传统电力行业和分布式能源发电竞争愈加激励，为增强电力事业发展，必须转变营销模式，不断提升管理水平。网络营销作为市场营销的主要阵地，智能电网下合理应用电力网络营销，能够提高工作效率、经济效益，推动电力事业更快更好地发展。

第五节　O2O 与传统网络营销模式

在电子商务盛行的今天，O2O 模式作为一种新兴的营销模式得到消费者的认可和赞同，其与传统网络营销都是比较常见的营销模式。本节在这一背景下，首先分析了 O2O 与传统网络营销模式的差异，然后在具体的对比中阐述了 O2O 与传统网络营销模式相比的优势，最后提出了 O2O 模式未来的发展趋势。希望对国家的电商企业带来启示，促进 O2O 模式的发展。

如今，随着互联网的普及，电子信息技术不断完善，电子商务逐渐兴起。目前，有很多企业已经加入电子商务的阵营，在这一背景下，除了传统网络营销模式以外，新兴的 O2O 营销模式也快速发展起来，受到人们越来越多的关注。与传统网络营销模式相比，O2O 模式与其有较大的差异，下面就来将二者放在一起做个比较，分析一下差异问题：

一、O2O 与传统网络营销模式的差异

（一）传统网络营销模式的特点

传统网络营销模式主要是借助网络进行营销，它的优点主要表现在以下几个方面：第一，传统网络营销凭借网络无地域限制和无时间限制的特点，可以在任何时间、任何地点展开营销，它的传播范围广泛，传播速度很快；第二，传统网络营销的更加丰富，商家可以在网络平台将商品的优势特点等内容进行详细具体的阐述，商家也可以与消费者进行沟通和交流，进一步了解消费者需求，从而进行针对性营销，并且也可以得到消费者的信息反馈，继续改进营销方案；第三，传统网络营销在线上进行产品销售，可以提升销售额，减少库存量，帮助企业节约成本；第四，通过网络渠道进行商品营销，商家可以及时了解市场动态，从而进行科学决策，制定应对战略。除了以上这些优点以外，传统网络营销还有一定的缺点，因为传统网络营销没有线下服务，只在网上平台沟通，这样会导致消费者质疑产品质量，缺少信任感。同时，传统网络营销的模式比较单一，长此以往，消费者会产生乏味感，降低消费欲望。另外，传统网络营销与线下销售的价格相差不大，不能够很好的刺激消费者消费，而花费在维护网络平台和品牌宣传的经费，又会降低企业的经济效益。

（二）O2O 模式的特点

O2O 模式与传统网络营销模式最大的不同就是它是线上与线下联合的营销，可以实现网络与实体的对接，消费者在线上达成交易之后，可以通过得到的电子凭证，到对应的实体店内，获得线下服务，这种对接模式可以保证产品的质量，为消费者提供充足的保障，使消费者产生信赖感。O2O 模式与传统网络营销模式相同的是，二者都是在网络进行交易，在后台进行管理，他们都有在线客服和线上服务的功能。但是传统网络营销模式更侧重营销，会通过与消费者的沟通引导消费者购买，在交易之后，通常很少对消费者服务，而是在消费者收货以后就结束整个过程；而 O2O 模式则不同，它更侧重于服务，O2O 模式通过了解线下的资源质量、客户体验等内容，为消费者解决问题，通过高品质的服务打造良好的口碑。

（三）O2O 与传统网络营销模式相比的优势

通过以上营销特点的分析，O2O 与传统网络营销模式的差异性就凸显出来了。与传统网络营销模式相比，O2O 模式更有优势，更受到消费者的喜爱与认可。这主要表现在以下几个方面：第一，传统网络营销只能在网络对于目标客户进行营销，而 O2O 模式下的实体店，可以挖掘线下资源，为消费者提供各种服务，这样的服务有利于得到消费者的认可，树立良好的口碑，实现线上线下的顺利消费；第二，企业使用 O2O 模式进行营销，

能够统计出营销的效果，通过营销策略、力度、方式等一系列的追踪，在一定程度上控制消费群体，提升经济效益；第三，O2O 模式作为一种新兴的网络营销模式，具有传统网络营销的优点，而在其基础上，还可以弥补传统网络营销的弊端，提升消费者的信任感，刺激消费者的消费欲望，不仅可以扩展企业的营销方式，也可以促进电商企业的可持续发展。

二、O2O 模式未来的发展趋势

O2O 最早的发展目标是成为提供网络信息的中介平台，但是由于资金的影响演化成了今天的以交易为主的电子商务模式，虽然其发展的势头良好，但是未来 O2O 还是会朝着交易化平台的方向发展，随着 O2O 不断的改进，其应该会从单纯的信息中介转向为交易化的平台。同时，互联网技术和物流的发展都会为 O2O 提供帮助，在未来，O2O 很可能实现跨界消费的功能，例如，针对不同区域的消费，连锁企业也可以实现跨界的线下服务，为消费者进一步的提供保障。现阶段，中小电商企业的发展不够理想，O2O 为了稳定中小企业的用户，在未来的阶段可能会提出扶持策略，降低对企业的发展 O2O 的限制条件，以促进彼此的发展。O2O 最大的优势就是线上与线下的结合，但是目前的配合还不够成熟，所以促进线上线下的完全融合还是 O2O 模式未来的主要发展趋势。

综上所述，O2O 与传统网络营销模式之所以得到发展，其自身都有一定的优势，但是，相比与传统网络营销模式来说，O2O 模式的优势更加明显。其能够达成线上与线下的对接，使网络营销更值得信赖，所以大力发展 O2O 模式是所有电商公司未来的发展方向。目前，我国 O2O 模式还有一些不成熟的地方，需要不断地完善和创新，以促进我国经济的发展进步。

第六节　新兴技术产品网络营销模式

网络高速发展的时代，新兴技术产品究竟该选择什么样的模式进入市场，是值得理论界探讨的一个重要课题。随着互联网技术的发展，网络营销模式成为新兴技术产品进入市场的重要模式之一，新兴技术产品进入市场选择网络营销模式也存在适用性和战略性选择的问题，本节对此进行研究。

一、新兴技术产品的网络营销

新兴技术产品有不同于一般商品的特性，而网络营销是网络和营销的统一结合体，其实就是以互联网为主要手段开展的市场营销活动。新兴技术产品的特性分为技术特性和经济特性两个方面，技术特性包括：领先性、跳跃性、集成性、衍生性、时效性等；经济特性包括投入高、风险高、效益高、垄断性强、替代性强、渗透性强等。

网络营销国际上的含义包括网站营销、互联网营销、网络上开展的营销活动等，国内有学者认为网络营销是企业利用网络媒体开展的各类市场营销活动，是传统市场营销在网络时代的延伸和发展；还有学者认为网络营销指企业整体营销战略的一个组成部分，是为实现企业总体经营目标所进行的，以互联网为基本手段营造网上经营环境的各种活动。

网络营销是科技发展、消费者价值观、商业竞争等综合因素交互作用的结果，网络营销主要具有广泛化、快捷、打造模糊的企业边界、多点化、正反馈、交互性、网络化等几个方面特征。网络营销的实质是对企业网上经营环境的营造过程，也就是综合利用各种网络营销手段、方法和条件并协调期间的相互关系，最大限度地满足客户需求，更加有效地实现企业的营销目标。

二、新兴技术产品网络营销模式的适用性

新兴技术产品进入市场主要存在着时滞障碍、泛连带障碍、习惯性障碍、内容障碍和目标颤抖障碍等五种类型的障碍。时滞障碍是任何事物从行为的发生到结果的产生都存在着的，只是在新兴技术产品方面具有更为明显的表现，新兴技术产品进入市场迫切要求快速，如果研究阶段时间过长、拓展阶段投放时间失误、反馈阶段不给予充分重视，都会造成进入市场的失败；泛连带障碍指新兴技术产品一般与一系列相关技术相结合，技术的快速发展容易引起开支的上升和消费的复杂性；习惯性障碍主要是针对消费者而言的，消费者都会有固有的消费习惯，一定程度上影响着市场的进入；内容障碍主要是新兴技术产品价格脱离实际，交易信息不充分等；目标颤抖障碍主要是一种产品开发者的心理障碍，开始越怕失败，最终就会导致失败。

网络为新兴技术产品市场进入提供了良好的契机和平台，新兴技术产品与网络之间的结合必将形成一种新型的市场进入方式和营销模式。结合新兴技术产品的特性，对应新兴技术产品市场进入的主要障碍，网络营销模式主要优势有以下几点：

第一，方便快捷，有效地解决了时滞障碍。方便快捷无疑是网络营销最大的优势，每周7天、每天24小时，随时、随地，其触角可以延伸到世界的每一个角落，网络的快速、方便、即时、广泛、辐射等特点，缩短了生产与消费之间的距离，扩大了产品的影响面和影响力，有效地解决了新兴技术产品进入市场的时滞障碍，创造了更多的市场机会。

第二，网络营销较好地控制成本和费用。网络营销的出现，改造了原有的企业营销管理组织结构和运作模式，也对生产、采购等业务部门和流程进行了整合，精简了销售环节，简化了信息传播过程，减少了沟通费用、人工费用、租金等，控制了成本和费用的增加，实现了成本费用最大限度的控制。即使部分新兴技术产品必须要求附带多项技术，网络营销也能够适度地降低其总成本。同时，网络营销现阶段还有"避税"作用。

第三，网络营销满足了消费者的个性化要求，实现消费者心理上的认同感。个性化的

时代，个性消费回归，消费者主动性增强，网络给了人们更大的自由和空间，网络营销是以顾客为导向的营销模式，充分强调消费者的个性化需求，扫除了消费者的习惯性障碍，消费者可以根据自己的需求有选择性地了解和选择满意的信息和产品。新兴技术产品具有领先性的特性，蕴含着丰富的品牌和知识，因此，网络营销能够较好地引导消费者的消费习惯。

第四，网络营销实行信息公开和分享机制，克服内容信息障碍。网络营销通过互联网将新兴技术产品的设计理念、产品功能、资源利用、技术支持、客户服务及其他情况都予以公开发布，建立分享机制，较好地克服内容信息障碍。

第五，网络营销的灵活性便于预防"目标颤抖"现象。网络营销体现着时代发展的趋势和特色，其既利于开展相关调查收集竞争者的相关信息，又利于消费者的积极参与；其既利于对营销方向和目标的快速改进，又简化了操作的程序和方法。它这三、新兴技术产品网络营销模式的缺陷及应处理好的关系。

新兴技术产品网络营销模式的缺陷。新兴技术产品市场进入选择网络营销模式也不可避免地存在一定的缺陷，主要表现在如下几个方面：首先，与消费者之间存在着较大隔阂，消费者接受比较困难。价格方面，新兴技术产品蕴含着较高和先进的技术，但其高成本、高风险和高价格，通过网络营销模式推介自己的产品，消费者容易产生"虚无"之感，也增加了消费者的疑虑；信息方面，存在着信息不对称的现象，为迅速地进入市场和吸引消费者的眼球，新兴技术产品生产者难免在采用网络营销模式时夸大其词，来诱导消费者；其次，互联网时代和信息的时代，网络的发展日新月异，但网络和信息并非绝对安全的，比如病毒的侵害、恶意的攻击、网络的不完善等等，这些都影响着网络营销的发展，使新兴技术产品进入市场的效果大打折扣。在某些情况下，部分侵害和泄密往往是致命的；再次，新兴技术产品选择网络营销的另外一个缺陷就是网络营销的动态性和复杂性，使得新兴技术产品的预测和统计工作遇到麻烦，新兴技术产品的市场进入需要大量的数据、信息和报表，并且需要对这些数据、信息和报表进行汇总整理和分析，来预测下一步的战略行动，但是网络营销是不固定的，结构复杂，发展的动态性，都增加了此项工作的难度；最后，网络营销增加潜在的安全危机，容易破坏供应商和消费者之间的忠诚。一旦新兴技术产品到达消费者处时，或时机延误，或服务不周，或质量无法让消费者满意，无疑会影响消费者的消费选择。

新兴技术产品网络营销模式应处理好的关系。第一种关系是网络营销和传统营销之间的关系。网络营销是营销模式的重要发展和创新，但网络营销和传统营销并不是截然分开，毫无联系的，相反，两者之间是一个整合的过程，就新兴技术产品的市场进入来讲，主要表现在两个方面，一个是新兴技术产品并不能完全依靠网络营销来实现市场的进入，这样会忽视相当部分消费者，比如部分消费者个人生活习惯的原因，他们更愿意在商场、超市、商店等客观真实的场所体验一种购买和休闲的乐趣；另一个方面来讲，互联网技术和网络营销模式还有很大的发展空间，目前来讲，新兴技术产品进入市场选择网络营销模式无法覆盖所有的潜在消费者。因此，网络营销和传统营销在相当长的时期内将同时并存，相互促进。

第二种关系是网络的虚拟性和交易的现实性之间的关系。许多观点都认为网络营销即是"虚拟营销"，笔者认为这种观点是不全面的，网络营销所谓的"虚拟"是相比传统的营销方式而言的一种相对的虚拟，主要表现在感觉上难以接受只有产品信息，视觉上无法即时看到商品，交流上无法与产品提供者面对面沟通。其实，网络营销的相关特征都是更为先进的存在，比如产品、营销手段、配送、渠道、服务、生产者、消费者等等，尤其对于新兴技术产品的网络营销来讲，信息的地位更为重要，而这与虚拟性并没有多大的关系。这里需要指出是网络虚假和欺诈行为并非就等同于网络的虚拟性，虚假和欺诈行为的存在并不是网络营销发展的必然产物，而是一直都存在着的。

第三种关系是网络的方便快捷与服务保障之间的关系。新兴技术产品选择网络营销模式进入市场从理论上确实能够实现很好的结合，通过方便快捷的手段，实现高收益的目标，但这里需要指出的是，新兴技术产品的生产企业必须充分调动各方力量，建立一套完全的送货、速递、售后的业务体系，实现费用的最低化和速度的最大化。

同时，网络营销优势的最终实现需要良好的信用体系和在线结算模式作为保障，新兴技术产品的提供企业必须要重视信息的充分性、全面性和正确性，让消费者通过网络途径对产品外观、功能等各方面特性有尽量大的了解，消费者也应该讲究信用，通过网络了解产品，在产品运送到达后只要没有太大的出入，应该对所认购的产品予以支付。同时，网络营销的运作和新兴技术产品进入市场一样，都面临着很大的风险，因此，风险投资机制和风险投资体系需要进一步完善，为新兴技术产品顺利进入市场提供保障。

第七节　Web 环境与网络营销模式

分析了互联网 Web 环境的变化，总结了随之而变化的 Web1.0、Web2.0、Web3.0 等技术，分析在 Web 环境变化过程中网络营销技术和模式相应而产生的巨大变化和发展。

一、Web 技术的概念

自从有了互联网，人类的生活发生了天翻地覆地变化，传统的市场营销也有了颠覆性地改变。网络营销被人们熟知不过是这几年的事情，可是随着互联网以及计算机技术的飞速发展，网络营销技术和模式也呈现出跳跃性地发展和深入。归根结底，引起网络营销技术和模式改变的重要原因之一是 Web 环境的变化。

Web1.0。互联网的应用之初，人们并没有意识到 Web 的概念和变化，是在 Web2.0 红红火火地为人们广为应用和提及的时候，大家才开始反思什么是 Web1.0。

提到 Web1.0，不可不追溯到 1989 年蒂姆·伯纳斯·李创建的 www（万维网），它是以集中编辑、发布为特征的，网站提供给用户的内容是先前进行过编辑、处理之后再上传到网站上，网站的功能实质只是将内容集中起来，再统一打包给用户，用户只能是被动地阅读。这与传统的媒介很相似，只是将报纸、杂志之类的纸质媒介换成了互联网。这个过程完全是网站到用户的一种单向行为，也有人形象地称 Web1.0 为个人受益互联网。

Web2.0。Web 2.0 概念的提出是在 2004 年 3 月，当时是在奥莱理媒体公司与 Media Live 公司的一次头脑风暴会议上，由时任奥莱理媒体公司、负责在线出版及研究的副总裁戴尔·多尔蒂和 Media Live 公司的克瑞格·克莱共同提出的。

2005 年 9 月 30 日，奥莱理媒体公司主席兼 CEO 提姆·奥莱理在其公司网站的个人栏目中发表本节《什么是 WEB2.0——下一代软件设计模式和商业模式》，这应该成为 Web2.0 理念提出的一个重要里程碑。

Web2.0 跨越了 Web1.0 时代的单向传输和灌输功能，它以网站与用户之间的互动为主要特点，网站内容可以由用户提供，并参与建设网站的诸多功能，实现了网站与用户之间的双向交流和参与。Web2.0 超越了 Web1.0，它与 Web1.0 之间区别最大的地方在于它的交互性。

用户在 Web2.0 网站系统内可以拥有自己的数据，自己修改并完善，并欢迎其他用户的参与和交流，其信息内容完全基于 Web，所有功能都能通过浏览器完成。

如果引用韦思岸教授的总结："Web2.0 是以人为核心线索的网，提供更方便用户'织网'的工具，并鼓励提供内容。根据用户在互联网上留下的痕迹，组织浏览的线索，提供相关的服务，给用户创造新的价值，给整个互联网产生新的价值。"

Web3.0。在 Web1.0、Web2.0 概念的影响下，根据惯性思维，人们认为随着互联网络技术的发展，Web3.0 也将出现，不过到目前为止，3.0 还只是业内人士制造出来的概念词语，最常见的解释是：网站内的信息可以直接和其他网站相关信息进行交换和互动，能通过第三方信息平台同时对多家网站的信息进行整合使用；用户在互联网上（不只是在 web2.0 网站系统内）拥有自己的数据，并能在不同网站上使用。

Web3.0 时代网络营销更凸显了个性化需求：其一，是将网络作为盈利的渠道，实现实体经济的增长；其二，是将网络作为生产的空间，实现虚拟经济向实体经济的转变。在互联网未来的发展中，更值得期待的是第二种网络经济的构成。

比照这三个概念的阐述，可以这样总结：Web1.0 是网站到用户的单向行为，是以数据为中心；Web2.0 实现了网站与用户双向的交流与参与，是以人为中心；Web3.0 则是用户可以在互联网上拥有自己的数据，并将在不同的网站之间串联信息，从而能在不同网站上使用。

二、Web 技术的特点及在网络营销中的运用

Web1.0 的特点及运用。Web1.0 在互联网初期对整合互联网的发展做出了巨大的贡献，通过 Web，可以将互联网上的资源在一个网页里比较直观地表示出来，而且资源之间可以在网页上链来链去。Web1.0 时代，Netscape 研发出第一个大规模商用的浏览器，Yahoo 的杨致远提出了互联网黄页，而 Google 后来居上，推出了大受欢迎的搜索服务。

总结起来，Web1.0 时期采用的是技术创新主导模式，通过巨大的点击流量来赢利，因为只是单向的信息传播行为，所以这时期主要是向综合门户网站发展，网站内容也主要是新闻和信息，通过吸引网民眼球来获得点击量。

在这种技术特点下，网络营销的推广主要是单向行为的技术手段，比如邮件营销、各类旗帜广告、浮动广告、弹出式广告、论坛营销、会员制营销、信息发布等。

Web2.0 的特性及运用。Web2.0 是互联网的一次理念和思想体系的升级换代，Web2.0 的提出和应用极大地激发了人们的积极性和参与热情，它将广大个人所贡献的智慧和影响以及个人联系所形成的社群的影响替代了原来少数人的影响，从而极大地解放了个人的创作和贡献的潜能，使互联网的创造力上升到了新的量级。

这时期，可重复使用的微内容来自于用户产生的各种数据，Web2.0 将这些数据集合、管理、分享并进一步聚合。由于是以人为中心而不是以物为中心，更多的用户互动产生社会性效用。用户参与和贡献的架构将网站变成了"可读、写"的服务，从而改变以往"单向"、"只读"的属性。

在 Web2.0 时代，网络营销的推广技术得到了空前的繁荣和运用，这时期比较活跃的应用有：博客/微博客、SNS（社会网络）、Wiki（多人协作写作工具）、Podcasting（播客、视频分享）、软文营销、网络社区营销、P2P 等。

Web3.0 的特征及运用。Web3.0 是全新的人机对话时代，更多的是信息在不同网站和平台之间的整合，通过整合实现信息的互联和互通。同时，整合的信息更加多元化和人性化，整合以后的信息实现最优化资源组合，它能够把 Web2.0 时代的网页串联起来，用利益协作关系串在一起，并实现利益协作的自动调整和优化，所以智能化的搜索将成为人们未来生活的主要方向。

当前许多应用已经有了 3.0 的踪迹，比如"云概念"的使用，包括现在兴起的"云计算"、"云存储"、"云服务"等。同时笔者认为，腾讯公司推出的微信程序具备一定的 Web3.0 概念，是对 Web3.0 的尝试：首先，它支持腾讯即时通工具的所有内容，比如QQ、邮箱、微博、记事本、漂流瓶等；其次，它支持不同技术制式的电话；第三，它支持视频、语音、图片和文字等不同格式；第四，它支持不同操作系统的手机平台。这些已经是 Web3.0 概念的最简单运用和实现了。

在这种形式下，网络营销进一步向个性化发展并得以实现，资讯可以完全按照个性化

定制，也可以基于用户的习惯进行个性化广告的定制，更可以根据用户的使用轨迹有的放矢地进行广告植入。

根据这时期的特点，网络营销向精准营销、嵌入式营销、数据库营销等方式转变。

三、Web 环境与网络营销模式的变迁

在 Web1.0 时代，由于互联网只是将信息单向地传递给网民，互联网的应用也比较简单，人们更多只是将网络作为一个汲取信息的大平台，常用的网络营销是各类推送式广告、邮件营销等，这仍是传统营销的大众营销模式。

进入 Web2.0 时代，网民参与和互动的可能性得到满足，在 Web2.0 的各类应用中，人们自发地根据自己的喜好参与到不同的群体中，比如博客/微博是个人"织网"，发表新知识，和其他用户对接，进而非常自然地组织这些内容；而 Wiki 则是用户共同建设一个大的百科全书。人们根据自身的兴趣爱好自觉地加入到不同的群体，这时候分众营销模式成为可能和现实。

未来的 Web3.0 时代，信息的聚合和平台的互联成为趋势，网络资讯可以按照个人的兴趣定制，基于用户的使用习惯播放广告，根据用户的使用轨迹和模式嵌入广告，加上互联网数据库的便捷和优势，精准营销模式将是趋势和主流，这种基于用户行为、使用习惯和个人信息的聚合而构建成的营销模式将更有价值。

第八节　互联网时代周播剧的网络营销模式

周播剧 2012 年出现在中国的电视剧市场，经过八年发展，除了内容制作等方面的探索，面向新媒体建构周播剧的网络营销策略也成了周播剧探索持续发展之路的重要议题。但这些探索依然存在着各种问题，主要体现在网络营销意识不强、互动模式较为单一、网络社群利用度不高等方面。结合国外周播剧的网络营销研究，本节从发挥网络社区意见领袖力量、建立线上线下联动机制、创造网络流行等方面对国产周播剧网络营销的未来发展提出相应建议。

中国电视剧在近十年突飞猛进地发展中已经成为世界电视剧生产第一大国，但是周播剧仍然算得上是中国电视剧制作的新尝试。2012 年 7 月湖南卫视开设"第一周播剧场"，相继推出《轩辕剑之天之痕》、《新白发魔女传》等剧作是对周播剧的全面试水。然而对历经数年酝酿最终推出的国产周播剧而言，收视率和观众反响还有很大的上升空间。从周播剧长远发展来看，除了内容制作方面的改进，如何面向新媒体建构周播剧的网络营销策略也是影响其长足发展的重要问题。

一、周播剧的发展现状

周播剧从概念上讲是指一边拍摄一边播出，播出周期以周进行的电视剧。在这个概念中包含着两大制约因素：其一是播出周期以周进行，要求剧作在传播过程能够产生延时性影响；其二是边拍边播，要求注重观众的参与。

周播剧在欧美和日韩的电视剧制作中已经形成了较为成熟的制播体系和自身特点。美国周播剧一般是以每周一集的形式固定时段播放，按季播出，一季大概30集以内。比如深受美剧迷喜爱的以十季完结的《老友记》就是典型美国周播剧风格。在电视剧正式开播前会推出预告片，电视台和制作方根据预告片的收视率情况和收视群体特点做出分析，确定该剧的风格、情节走向以及确定是否要投入拍摄；与美国不同的是，韩国周播剧一般是每周两集，以播放时间划分为月火剧（每周一、周二播出）、水木剧（每周三、周四播出）、金曜剧（每周五播出）、周末剧等。韩国周播剧更关注与观众的互动，民意不仅影响剧情走向，而且对剧情细节和剧作长度都有影响。2014年初开播的大热韩剧《来自星星的你》其结局就是剧作与民意互动的结果。

相比较而言，国产周播剧目前还不是真正意义上的周播剧，仅在播出形式上做到了"周播"，即以每周为单位固定时间播放，但在生产和制作商仍然保留着传统日播电视剧的制作模式，即在电视剧播出之前完成全部制作。比如《轩辕剑之天之痕》是2012年7月开播，而该剧的拍摄工作在2011年9月就完成了。目前试水国产周播剧的只有湖南卫视一家，江苏、东方两大卫视早前都曾提出开设周播剧场，但最后均未有大动作。虽然国产周播剧的制作还未能进入流程化，但周播剧的宣传已经开始探索基于新媒体的营销方式和路径。

二、周播剧的网络营销方式初探

据中国互联网络信息中心（CNNIC）发布《第33次中国互联网络发展状况统计报告》显示，截至2013年底，中国网民规模达到6.18亿，互联网普及率为45.8%。其中，手机网民规模达5亿，手机网民规模的持续增长促进了手机端各类应用的发展，成为2013年中国互联网发展的一大亮点。我国手机端在线收看或下载视频的用户数为2.47亿，微博用户规模为2.808亿。

在网络平台多线繁荣的状况下，周播剧开始实施多平台的合力营销。即同时同步地在各大应用型平台和社交型平台上开展适合平台传播方式的营销活动，以此形成平台宣传的合力，达到更广阔的宣传效果和更浩大的宣传声势。

（一）网络社区粉丝营销锁定年轻受众群体

当偶像成为消费文化中的重要因素，伴随而生的"粉丝"群体则成了这一文化现象的最大消费者。粉丝将对自己钟爱明星的狂热转移到与明星相关的文化产品的消费过程中，通过消费与明星相关的产品搭建自己与所追求的明星之间的情感链接。这些粉丝在网络中形成粉丝群体社区，任何跟明星相关的新闻都能迅速吸引大批粉丝关注。

收视率和关注度都取得比较不错成绩的周播剧基本都采用了粉丝营销策略。无论是《轩辕剑之天之痕》的主演胡歌、刘诗诗、唐嫣、林更新，还是《古剑奇谭》中的杨幂、李易峰、郑爽、乔振宇都属于当今娱乐圈超高人气偶像，各自都拥有大群忠实粉丝，基本奠定了剧作初步的人气和收视基础。这些明星的粉丝团们因为明星间的合作也扎堆到一起，将与剧作相关的新闻、动态转发到各个网络社区，引发更为广泛的关注。另外，《轩辕剑》和《古剑奇谭》都是由国内大热的网络游戏改编而成，大批忠实游戏玩家不仅自动转化成为该剧的观众群，更在网络游戏的社区内引发了剧情猜测和角色讨论的狂潮。

（二）社交媒体引爆话题增强传播力度

微博平台作为目前发展最快的社交媒体之一，正吸引着我国网民的大量参与，微博受众群的活跃度也非常高。因此，微博的热点话题通常也会快速扩散成为整个社会的热点话题。依托微博开展话题营销，从开播前的宣传到开播后的剧情走向猜测，从演员的装扮、表情到主题曲、台词和精彩镜头等剧作各个要素都成为周播剧在微博平台保持活跃的话题来源。社交媒体中大量引爆的热议话题让广大剧迷们在等待剧集更新的日子里，不至于出现空窗期。对已经播出剧集的不断回顾，让剧迷一直保持着对本剧的热切盼望，给剧集持续加温，使得整个电视剧始终处在热议状态。

《轩辕剑之天之痕》在制作和播出阶段就一直话题不断。从选角、拍摄过程探班到拍摄结束、锁定首播平台都引发了粉丝强烈的关注，尤其是该剧在播出前曝出"禁播"传闻更增加了神秘感。前期强大的话题营销带来了首播日高达 1.94% 的收视率，而《古剑奇谭》在 2014 年 7 月 2 日开播当天，微博热门话题榜单中与之相关的就有 5 个，微博话题总阅读量超 3 亿之多。值得一提的是，《古剑奇谭》主演们在微博平台中利用自己的个人微博开展互动，增加了话题的趣味性，也极大地刺激了粉丝们的热情，甚至该剧在播出结束后很长时间人气依旧高居不下。

（三）视频网站吐槽弹幕搭建互动平台

智能手机、平板电脑等移动媒介终端的兴起推动了视频网站的移动客户端的开发和完善，极大地方便了周播剧的传播。视频网站提供的移动互联内容与 PC 端同步更新、视频分类和搜索、追剧等服务功能，便于用户利用碎片化时间追剧。部分视频网站如百度视频还利用大数据，为用户制定个性化的视频推送信息。因而视频网站也成了周播剧营销的重要阵地。

与传统收视手段不同，基于互联网的视频网站加强了互动性，其中弹幕就是视频互动的典型手段。在受众登陆视频网站观赏视频的同时，大量以字幕形式显示的评论会同时出现在屏幕上，这一现象被称为弹幕。《古剑奇谭》播出期间在弹幕网站哔哩哔哩上热播，主创团队和主演们也注册账号，参与到观众对该剧各种吐槽中。主演们以自嘲的口吻发布的弹幕让观众对剧情、人物造型、表演、道具等因素的吐槽更加具有趣味性，给剧集观赏带来新的趣味点，形成更多的讨论高峰。

三、周播剧网络营销的问题与建议

相较于制播体制成熟的欧美剧和日韩剧，国产周播剧在网络营销方面的探索还存在着诸多问题，主要表现为：

（一）网络营销意识不强

国内周播剧的宣传主要还是集中在电视平台中，传统的宣传方式占据着周播剧营销的主流。

（二）互动模式较为单一

目前国产周播剧与观众的互动主要是讨论式的互动，这种单纯意见表达的互动无法让受众获得更多参与感。

（三）网络社群利用度不高

网络社群具有活跃度高、参与度高、集群性强等特点。对于某些实施受众精准定位策略的周播剧而言，信息的到达率和发散效果最好。目前针对网络社群开展的周播剧营销多数是粉丝的自发行为，缺乏官方引导。

国产周播剧若要寻求更长远的发展，在网络营销方面可以做如下的尝试：

重视网络社群营销，发挥意见领袖力量。能快速在网络社群形成话题离不开社群意见领袖的活跃与推荐。韩剧《来自星星的你》在这方面就做得很好。该剧在还未开播前，在韩流粉丝中拥有高人气的意见领袖们就开始利用自己的微博表达对该剧的期待，在播出期间又不断以赞誉形式推荐该剧，使得该剧一经播出便拥有了高口碑。除此之外，众多明星、编剧分享观感，优秀粉丝的二次分享不断推高剧作的点击率和关注度。

建立 O2O（线上线下）的联动机制。周播剧的营销平台是多种多样的，因而可以尝试建立平台与平台之间的联动机制，让观众与电视剧的互动方式多样化发展。观众在互动过程中形成参与的快感，可以增加观众对剧集的感受度和关注度。如剧集制作期间，邀请网友参与互动探讨剧情；制作方通过开展网络调研，收集民意修改故事的走向，让周播剧具有游戏性，观众也能从中获得被重视的快感，也会因此更忠诚地守护着剧集的每一步进展。《来自星星的你》中"都叫兽"的着装造型就应观众要求从高领改为低领。

紧跟生活，深挖亮点，制造流行。电视剧本身是具有生活化气息的文化产品，周播剧的延续时间较长，更需要寻求良好的途径将观众对电视剧的感受挪移到生活中。对于生活化的周播剧而言，剧中产品与当季产品的结合，剧作与当下时事的结合是一个有效途径。

这一点在韩剧中的表现尤为明显。一部生活化的韩剧从发型、妆容到服装、配饰，都会跟随着当下季节产生相应变化，让电视剧变身为生活大秀场。一些时事话题、最新流行的歌曲、热门的舞蹈、妇孺皆知的搞笑节目片段等，也常常第一时间出现在电视剧中。2012年底"江南style"大热，韩剧《我是蝴蝶夫人》中随即加入"鸟叔"元素。这种做法既拉近了剧作与观众的距离，又能构成流行元素，提供生活话题。

第九节　社交网络时代市场营销模式

随着市场经济的不断发展，社会发展进入互联网时代，互联网技术不断进步，使社交网络平台获得巨大发展，且成为人们重要的社交手段，因此，网络市场营销成为人们的另类社交，设计网络背景下市场营销具有便捷、精准、高效的特点，受到广大消费者的喜爱。社交网站与人们的生活具有密切关联，在购物、交友方面提供了极大便利。在此背景下，网络购物作为全新的网站交易模式，在市场中占据重要位置，与传统的实体购物相比比较方面。本节从市场营销出发，分析了社交网络时代市场的营销现状，探究网络时代市场营销模式的转变策略，为企业长远发展做出理论分析：

目前，我国已进入互联网时代，国民生产方式发生了巨大的变化，人们对物质生活的变革要求对企业的营销模式做出相应的调整，网络信息技术的迅猛发展，促使信息传播速度加快，为企业网络营销提供新的发展平台，推动企业营销向国际化方向发展，有效对消费需求做出反馈，提高消费者对产品的满意度，有利于提高企业市场竞争力。社交网络背景下的市场营销模式，要求企业要与时代发展相契合，应用社交网络平台减少运营成本，实现企业经营利润的最大化。除此之外，企业可以通过调研不同购买者的需求，制定科学的营销策略。鉴于此，本节对此展开具体分析。

一、社交网络时代市场营销概述

社会网络时代市场营销的界定。社交网络时代背景下，市场营销从本质上来讲是以互联网为依托的新型商业模式。市场营销是企业立足于消费者产品需求，从企业形象及产品形态宣传销售企业产品的经营活动，对自身产品不断优化升级，及时了解消费者的需求，提高消费者对企业产品的认知度，市场营销涵盖了产品交换过程，企业产品市场营销比产品销售流通耗时长，市场营销是体系化的活动，从企业战略性发展角度进行营销策划方案，解析市场经济发展动向，通过营销策略不断更新获得企业长远发展。应用计算机技术，企业可以将商品信息清晰地展示给消费者，从而开展科学有效的市场营销活动。社会网络通过传递商品信息，形成网络营销活动，可以应用互联网的便捷性与高效性宣传产品内容，最终强化产品的宣传力，实现企业利润的最大化，这是社交网络背景下市场营销的范畴。

社交网络时代对市场营销的影响。市场经济不断发展背景下，人们的物质生活水平得到长足发展，消费者需求向精神文化需求方向拓展，引领市场经济发展方向的变化。企业要想紧随市场发展，必须做到产品优化升级，提升市场营销精准度，满足消费者不断变化的需求。当今时代是互联网高速发展的信息时代，计算机多媒体技术逐步渗透到企业发展中，企业从生产到营销紧密依靠网络信息技术，信息资源传播速度加快，导致企业产品很快被模仿。而其他商家可以利用网络信息资源的广泛性，细致了解产品的信息，快速高效制作出类似产品，使企业市场竞争更加激烈。

原有市场营销模式是生产销售—宣传销售，传统销售模式单一，产品交换中环节复杂，导致产品批发销售经济成本增大。随着网络信息技术不断发展，社交网络平台营销成为新型的发展模式，企业生产对接消费者需求，提升了消费者的满意度，同时避免了企业资源的浪费。社交网络平台市场营销推动了现代信息技术的发展，市场营销向信息网络化发展，企业在社交网络平台上提高了产品更新速度，企业线上服务的时效性影响网络市场竞争力，由于社交网络平台的广泛性，企业产品销售渠道增多，使产品的营销向国际化发展，进而提升了企业的国际竞争力。

二、社会网络时代市场营销的特点

市场营销更具精准性。与传统市场交易模式相比，社交网络时代背景下的市场营销精准性更强。借助微信、微博等社交网络工具，企业营销部门可以更加精准搜寻目标客户，对潜在客户进行更加精准的服务。此外，针对目标客户产品需求，了解其购买力可以提升产品服务质量，还可以通过目标客户在其社交网络平台的宣传实现"蝴蝶效应"，最终实现最大化的品牌宣传效果。

运营成本降低。社交网络背景下的市场营销模式成本相对较低，不受时间、地域限制，产生收益比较快。与传统市场交易模式相比，应用社交网络宣传产品，可以及时实现与目标客户的信息沟通。此外，企业市场营销前提应用社交网络可以减少资金投入，有效节省门店装修、名人代言等费用，对于降低产品价格，拓展客户渠道具有重要价值。由此可见，社交网络不仅可以减少相应的运营成本，对于提升市场占有率具有重要价值，其有利于经济效益的可持续发展。

三、社交网络时代市场营销模式的转变

社交网络时代下市场营销的优势，体现在降低企业运营成本，提升市场信息敏感度，实现精准营销。社交网络平台市场营销相比传统市场营销更具有精准性，社交网络平台的微信、微博等社交软件，充盈于人们的日常生活，企业能在网络平台上圈定潜在客户范围，通过社交网络平台可以了解消费者需求，从而提高产品生产的针对性。

依靠网络社交平台市场营销突破时空限制，经济效益回收速度加快，减少了消费者的

时间，企业利用社交网络平台进行市场营销，规避了实体店租赁费用，企业可以利用社交网络建立完备的产品反馈系统，降低企业运营风险，同时，社交网络市场营销可以使企业扩大生产，提升企业经济效益。互联网信息技术的飞速发展，加快了网络信息资源的传播速度，企业即使把控市场信息，调整企业营销策略，提高市场份额，通过社交网络平台，能全面掌控客户信息，并根据需求有针对性生产，以提高企业的市场竞争力。

社交网络时代市场营销模式有很多种，可以通过热点搜索、平台网络营销等方式创新市场营销模式。热点搜索是社会信息传播的有效手段，企业在市场营销中，通过热点话题提高宣传力度，是市场营销的发展潮流。如，在微信中设定热点话题推送，在话题界面详细介绍有关产品信息，让公众进行实时评价，博主及时应答互动。社交网络风靡发展，为企业网络营销提供了平台，关联式营销交易是成功的网络营销。如，微信支付等，微信是聊天工具与购物平台，性能完备，微信与支付宝的交易额度每秒在迅猛增长，平台的网络营销为企业发展带来巨大的经济效益。以往营销方式类似，利用社交网络的广泛性，关注式网络营销是通过网络平台发布信息完成营销活动。如：奥迪真我系列活动，在官宣平台，微博话题，新闻热点等方式进行广泛宣传，在购物平台进行首页巨幅宣传，提高消费者的关注度。

四、社交网络时代市场营销的策略

以往营销模式中，企业及消费者对信息处理不及时，导致企业在市场经济中缺失竞争力。为提高企业市场占有率，必须提高企业对市场变化的敏锐性，根据市场经济变化及时更新营销策略，随着网络信息技术的发展，先进的生产技术可能成为网络时代的共享信息，信息传播速度加快提高了对经济发展动向的把控，依据市场需求变化，及时调整营销策略，成为消费者的消费方向。

互联网技术的发展，推动了社交网络平台的发展，为企业网络营销提供了平台技术，企业应利用网络平台及时了解客户需求，让消费者及时了解产品的更新状态，企业可以增加网络平台的浏览量，并利用网络搜索寻找潜在客户。

企业以往营销方式是广告宣传—产品交易，单一的营销方式不重视消费者的产品满意度，严重阻碍了产品的优化升级，社交网络平台发展为企业与消费者构建交流桥梁，企业通过了解消费者需求提供产品，提升产品的针对性，企业通过网络平台及时了解到消费者的使用体验，使企业能及时进行产品优化升级，进而提高市场竞争力。

社交网络为市场营销提供了广阔空间，促进市场营销模式创新，为企业经营活动提供了便利。创新营销模式使企业获得丰厚的利润，社交网络容易被消费者接受，但同时，社交网络不法商家也有了更多的机会贩假，如，零售商产品混入到企业产品中谋利，为企业市场营销带来了不利影响。因此，企业在应用社交网络进行市场营销时，应注意保持客户群体的诚信度，确保证客户拿到手中的产品具有质量保证。社交网络下的市场营销，能使企业节约大量营销成本，但售后服务会成为新的问题。生产企业最终要为产品质量买单，因此，企业有必要为消费者提供直接型售后服务，如，在产品包装上注明不同社交平台支持售后服务方式等，以避免为消费者留下社交网络销售产品售后保障差的印象。

随着计算机网络技术的飞速发展，互联网普及深入到人们的日常生活中，社交网络平台的广泛发展，提高了互联网的信息化，基于社交网络平台的市场营销，因其具有成本低、收益高等优点，促使社交网络市场营销模式成为主流，企业利用社交网络的互动性，可以增强品牌的影响力，从而达到市场营销的经济目的。目前，社交网络市场营销已成为发展最广的营销模式，企业应制定完善的网络市场营销策略，完善网络市场营销模式，提高企业的竞争力。

第十节　网络自制剧情绪营销模式

网络自制剧作为互联网时代内容自制的产物，颠覆性地改变了制播方式、内容生产与传播营销。网络自制剧《白夜追凶》依靠其创意性的情绪营销成为 2017 年口碑最好的现象级网络自制剧。通过猎奇心理刺激行动、损失厌恶保证价值、情景体验提高兴趣、发散性思维转移话题等四种情绪营销方式，在没有 IP 光环以及流量明星加持的情况下，以近 32 亿的播放量收官，展现强大的情绪营销影响力。《白夜追凶》成功开辟了网络自制剧行业营销新道路，其情绪营销对网络自制剧的差异化营销有重要借鉴意义。

一、网络自制剧与情绪营销理论界定

随着互联网技术的迅速发展，传统媒体和网络媒体融合深化了影视行业的发展。因版权费用剧增，众多视频平台纷纷转型成为内容制作方，网络自制剧应运而生，数量从 2014 年的 205 部迅速增加到 2017 年的 555 部。自 2017 年起，网络自制剧已经进入到了相对成熟的精品化发展阶段，视频网站平台掌握了更多话语权。人们的情感需求日益突出，情绪贯穿了整个消费过程。如何充分利用情绪感染的作用，进行差异化的情绪营销，已成为品牌竞争的重点。

（一）网络自制剧

"自制"属性。从网络自制剧的概念来看，目前关于网络自制剧的称谓有很多，各个称谓通用，没有明确的区分，也没有统一的概念标准。本节选择"网络自制剧"一词是为了强调其"自制"属性。宏观意义上，网络自制剧包括微电影、网络自制节目以及一切有网络媒体参与制作并播出的艺术形式。狭义的网络自制剧，指由个人、视频网站及其他制作团队投资、拍摄、制作，以移动互联网为主要传播渠道的一种影视艺术形式。本节探讨的是后一种。

（二）情绪感染理论与情绪营销

情绪感染理论由美国心理学教授 Hatfield 等人在 20 世纪 90 年代所创立。Schoenewolf 认为"情绪感染就是个人或群体的情绪影响到其他人，在此过程中可能通过有意识或无意识的情绪表达或行为态度来传递这种信息"。情绪感染的作用是相互的，人的情绪能被感染也能传递给他人。网络时代情绪扩散比以往来得更明显和猛烈。网络在信息内容和接受者之间的情感连接建立了一个平台，人们不断生产出带有情绪的信息，并在二次传播中再次强化这种情绪。人们消费需求也不再满足于最低层次的生理需求，产品与服务的实用价值之外，更看重消费过程中心理情绪上的满足，期望得到额外的情感体验。情绪营销就是将品牌赋予一种常见的社会情绪或者营造与产品理念相契合的情绪氛围，从而在产品实用价值的基础上附加了新的情感购买动机。情绪能够持续创造购买力，情绪营销自然成了营销界最为有效和持久的营销方式。打着复古、怀旧旗号的产品就是从情绪角度创造了消费动机，目前许多产品的营销更是使用了负面、消极的情绪，例如"丧"。"丧"有强烈的自嘲意味，普遍反映了当前社会弥漫着的焦虑、迷茫和沮丧。2017 年大热的"丧茶"逆向营销，给予了处于大都市充满焦虑感的消费者一种情感共鸣与安全感，配合"人生苦短，不妨先享乐"的毒鸡汤文化，引导激发消费者的消费欲望。

二、网络自制剧《白夜追凶》对情绪营销模式的运用

《白夜追凶》是 2017 年优酷独播的网络自制剧，其完全采用原创剧本，没有 IP 加持，也没有流量明星参演，但其关注度和影响力远远超出同期其他的网络自制剧。自上线后热度就居高不下，最终以接近 32 亿的播放量收官。口碑上，豆瓣的评价人数超过 20 万，且获得了 9.0 的超高评分。可以说是 2017 年口碑最好的现象剧网络，也是网络自制剧精品化发展的代表作品之一。这不仅是因为该剧内容精品、制作精良，也离不开出品方的宣传营销。《白夜追凶》没有采取铺天盖地般的宣传方式，而是依托阿里文娱大平台上的资源联动，抓住观众的情绪与心理特点进行情绪营销。

（一）猎奇心理刺激行动

《白夜追凶》是一部罪案剧，却不是行业剧。《白夜追凶》突出"硬汉"概念进行差异化营销。"硬汉"常有两种解读，一种是肌肉猛男，另一种是面对不可改变的命运依然坚强不屈的精神。在《白夜追凶》的主角身上，二者皆有。由中年演员潘粤明饰演的主角两兄弟，一个是前警察，一个是前武警，百折不挠地找寻真相摆脱杀人罪名，他们没有主角光环，既不是全知全能，也没有超能力，全靠寻找蛛丝马迹进行逻辑推理。观众看腻了千篇一律的小鲜肉形象，这种普通的硬汉反而更有吸引力。《白夜追凶》精准认识到了网络自制剧主流观众对警察这一特殊职业的好奇心，以及喜欢美剧大片中典型的硬汉形象、追求热血刺激的心理，自然而然地给观众留下了深刻的印象。

《白夜追凶》在不同时间段推出杀青特辑，以及多套预告片和海报，铺设了连环的悬念，一步一步让观众深深地记住这部网络自制剧。悬念是推动故事情节发展的重要动力，能够使得网络自制剧产生叙事的戏剧性和节奏感。对于观众来说，在营销环境中设置与网络自制剧情绪氛围一致的悬念，能够唤起心底对未知事物的好奇。同时，预告片与海报的风格与《白夜追凶》"冷峻但不黑暗"的主基调一致，具有强烈的视觉冲击感，给予观众紧张、震惊的独特审美体验。

《白夜追凶》收官之际，优酷与五元文化联合策划了一场"千万别去淘宝上搜白夜追凶"活动，创新性地调动了观众的情绪，将剧中的紧张情绪扩散应用在多个平台的宣传中。整个活动过程巧妙地策划了每一步人的情绪：首先利用猎奇心理触发行动，在精神高度集中的时候令其放松并传递产品信息，然后突然产生惊吓触发分裂式二次传播。层层的活动使得观众对《白夜追凶》的关注度维持较长时间，自然产生一种探究心理，好奇心被满足的过程中逐步获得愉悦的情绪，同时又生成新的渴望，最终刺激观众抑制不住好奇心观看《白夜追凶》。

（二）损失厌恶保证价值

《白夜追凶》利用了观众的损失厌恶心理。损失厌恶是指损失产生的消极情绪远远超过收益产生的积极情绪。观众在选择观看网络自制剧的时候，往往倾向于将损失看得多一些，因为损失带来的痛苦感要比得到带来的兴奋感多。近几年，IP 改编成为网络剧最主要来源，众多 IP 加持的网络自制剧产生了现象级效应和巨额流量变现。《白夜追凶》另辟蹊径，采用编剧指纹的原创剧本，逻辑缜密，犯罪、侦破、抓捕等环节表现出专业水平。不少观众对 IP 改编剧已经产生审美疲劳，甚至失去了信心，但是一部"3 年磨剧本，120 天拍摄"的网络自制剧在观众看来至少不会更差。而且通常 IP 改编剧的故事情节均已被剧透，罪案剧特有的悬疑性会大打折扣，很难产生带入感，还往往因为与观众为 IP 创造的仿真世界有出入而大失所望。《白夜追凶》回归优质的原创内容，避免了观众提前知晓故事走向，给予观众期待感，满足其娱乐化的需求。

优酷有大量的付费用户基数，这些观众观看收费的《白夜追凶》，其缴费是隐形的，不会造成被剥夺感。如果不看《白夜追凶》，内心就会有一种属于自己的东西白白浪费了的感觉；而普通用户即使没有开通会员，也会愿意为《白夜追凶》买单，因为付费观看优选内容俨然成为视频网站资源集中的大趋势，付费与高质量内容往往联系在一起，而以 9.9 元的价格连续包月成为 VIP 会员，就可以享受免费观看、免广告等服务。

观众认为放弃优质的《白夜追凶》冒险选择其他网络自制剧可能会后悔，给自己造成不必要的负面情绪还受到了损失，而观看《白夜追凶》即使没有获得额外的愉悦感，至少不会有损失。因此观众会权衡着选择《白夜追凶》。

（三）情景体验提高兴趣

《白夜追凶》找准了观众的情绪与流行心理，通过强效的情景体验，为观众提供了视听的生理和心理享受。无论是广告、视觉效果还是剧情内容，都附带大量的情绪色彩。

大多数网络自制剧都会植入广告增加收益。《白夜追凶》中插入的广告主要有两种形式：一是隐性植入广告；二是小剧场广告。《白夜追凶》中的隐性植入广告比较多，但大多做到了不刻意，恰当地与剧情融合在一起。比如剧中许多特写镜头给了书名，比如用《说好话办好事》、《做一个会说话会办事的聪明人》来表明刘副队长不会说话和办事，用《努力工作不折腾》来体现周巡的瞎折腾。这些广告没有破坏剧情内容的连贯性，不刻意查找很难找到痕迹，所以观众会认为这些隐性广告大有深意，帮助自己理解了人物性格，一旦找出这些广告反而有一种自豪感与愉悦感。《白夜追凶》还采用了名为"白夜现场"的小剧场广告。"白夜现场"沿用了网络自制剧中的人物设定与场景布置，将广告混淆在剧情中，减少观众的排斥感，甚至因为内容贴近生活产生了一种似曾相识而又妙趣横生的观感，增加观众对剧集的兴趣。

《白夜追凶》探寻的是人性的真相，主题比较沉重。影像方面配合压抑的天气情况，采用冷灰色与暗色调为画面影调，使得观众在观看时会有电影既视感和带入感，被极度接近真实的情景所感染。

《白夜追凶》的剧情内容根据社会案件改编，具有现实的社会意义和深刻的人性探讨。《白夜追凶》中第一个案件是外卖小哥因身患绝症没钱医治而心理扭曲杀人。点外卖、医疗保障缺失等内容都是现实生活的缩影；另一个案件是酒店走廊上塞小卡片的男子与另一女子打架，故事原型是和颐酒店劫持事件。观众现实中听闻这些案件时已产生了紧张、害怕的情绪，但这种精神压力在现实生活无法宣泄。《白夜追凶》用类似的案件唤起观众压制的消极情绪，通过提供强效的情境体验将负面情感无害地释放和宣泄。这样，《白夜追凶》同时拥有了审美娱乐、情感宣泄的作用，增加了观众观看《白夜追凶》的动机，提高了观看的兴趣。

（四）发散性思维转移话题

《白夜追凶》的内容逻辑与演员演技都是观众聚焦的重点。由于叙事逻辑严谨，使得观众看剧的态度是冷静严肃的，再加上弹幕会将漏洞无限放大，容易造成观众集体挑刺的局面。制造娱乐性的话题，通过图片与视频等多元化具有冲击力的发布方式对观众情绪造成巨大的影响，既能让观众的思维发散出去，不再纠结每一个细节，又能让观众保持愉悦的情绪，促进《白夜追凶》的良好口碑自然发酵。《白夜追凶》中有一个穿帮镜头，解剖台上的尸体有明显的呼吸，被观众戳破后，及时发出"这个尸体不专业、还可以再抢救一下"的回应，将话题导向演员工作量、工作环境，给漏洞一个合理的解释。观众观看网络自制剧的时候情绪处于极度易受感染的状态，在弹幕上提前了解到其他观众用娱乐性的态度包容了《白夜追凶》的不完美，担心自己格格不入，本来处于酝酿中的不满情绪就会消失。《白夜追凶》的营销团队还在日常推广中设计了一些幽默的话题，比如"我拿你当亲哥，你拿我当表弟"、"周巡离破案只差一个 iPhone X"等。这些话题存在明显的情感倾向性，让观众产生愉悦，而强烈的情感更容易产生共鸣，观众的情绪化跟进就能形成持续性关注与爆发性传播。

《白夜追凶》以主角一个意味深长的笑容镜头特写结尾，采用开放式的结局结束了这一季的剧情，留下更多的悬念与疑团。《白夜追凶》的内容与宣发一再强调"镜像"，传达出"你看到的未必是真相"这样的深层含义，引导观众探寻案件的真相以及人性的真相，但结局真相依然未知，开放性结局给观众留下了更多的想象空间，引发了讨论狂欢。无论是否喜欢这种形式的结局，悬念带来了持续的张力，刺激观众重复观看，认真从蛛丝马迹中挖掘剧中的诸多伏笔。网络上的分析帖、讨论帖层出不穷，《白夜追凶》的话题持续保持热度。

三、《白夜追凶》对网络自制剧情绪营销模式优化的启发

《白夜追凶》的成功已成为文娱行业的标志性事件，为罪案题材的网络自制剧内容制作提供了新思路，促使网络自制剧的核心竞争力重新回归优质内容。对整个行业来说，这种情绪营销模式是网络自制剧如何在信息爆炸的时代突出自身特色的一条新途径。

（一）《白夜追凶》情绪营销模式待优化的问题

《白夜追凶》精心策划的情绪营销展现了强大的影响力，但是作为一种先锋尝试，还存在一些待优化的问题：

情绪定位不准确。《白夜追凶》虽然全程都在培养、引导观众的情绪，但情绪包含的范围很广，并且侧重点是一种紧张情绪，这种情绪虽然与剧情密切相关，但与现实是割裂的，没有抓住社会普遍情绪，很难像"丧文化"那样引起社会广泛共鸣。这对于《白夜追凶》品牌效应的形成以及拍摄系列剧、衍生剧是不利的。观众往往记住了《白夜追凶》内容，却难以与切实体验捆绑在一起，很难将一种特定情绪与《白夜追凶》捆绑联想。而真正优秀的情绪营销往往都是定位准确且对接社会情绪的，比如人们感受到快乐就会想到迪士尼。情绪定位不准确的重要原因是受众细分不足，定位上出现偏差。《白夜追凶》依托阿里的大文娱生态布局，营销活动主要投放的平台是阿里系的淘宝、高德导航、UC 浏览器等平台。这些用户愿意为产品付费，而不愿意为内容付费，将其作为网络自制剧目标受众有一定偏差。

小剧场广告效果反弹。小剧场广告高度还原剧中的情境，一定程度上解决了观众排斥广告的问题。但是观众摸清套路以后，新鲜感已然消失，再次看到小剧场的违和感十分强烈，对广告的容忍度下降。"白夜现场"的时间从 41 秒到 55 秒不等，时间比较长，占据了比重偏高的正剧部分，尤其是小剧场广告内嵌在剧集内容中，付费会员也无法将小剧场

广告去除，引发了很多观众的不满。

营销价值链不完整。《白夜追凶》在营销时主要依靠扎实的内容情节引发话题。优酷在《白夜追凶》播出前、播出时利用网站首页焦点位、弹窗预告片等方式进行碎片化传播推广，还在淘宝、UC浏览器投放相关广告页。与其他推广集中在视频网站内的网络自制剧相比，《白夜追凶》的线上推广已联系了许多平台。但是优酷背靠阿里大文娱，阿里大文娱已经打通了投资、内容生产、票务、发行等全产业链条，所以《白夜追凶》并没有充分利用阿里的平台资源。而且《白夜追凶》的衍生品开发少，分销渠道没能完全打开，仅发行了同名图书，角色玩偶、文具用品等常见的周边产品都没有，浪费了活动带来的巨大流量。

（二）网络自制剧情绪营销模式优化路径

《白夜追凶》是网络自制剧情绪营销模式探索的成功者，对其不足之处优化可以提高情绪营销的效果。由于观众的地位已经完成了从被动向主动的过渡，并更加追求双向互动的平等传播，网络自制剧的情绪营销需要建立多平台布局，始终保持与观众深度互动，培养和引导观众的情绪。

网络自制剧的情绪营销需要精准定位目标受众，然后抓住受众群体最需要、最贴切的情绪"痛点"，即对接一种普遍的社会情绪。这个过程可以通过日益成熟的大数据、云计算等技术来完成。在消费数据中全方位挖掘消费者的个性化偏好、习惯，从中精准定位能为网络自制剧内容付费的目标人群，更细化、更具体地分析受众心理层面的潜在需求，总结出其钟情的特定元素以及情绪需求的特征，创作出具有针对性的、融合情绪的自制内容，预测受众的情绪、行动以及营销活动的效果，精准地进行情绪营销。

情绪营销还需要关注受众的情绪与体验。互动已经成为现代传媒行业的基本特征。网络自制剧的受众需要互动，受众会因情节内容产生情感共鸣，其情绪也比较容易受到他人情绪化的言论感染。网络自制剧本身即可成为载体，通过弹幕、讨论等方式促进受众的互动，向受众传达、引导情绪，传播网络自制剧的品牌价值。此外，知乎、微博、微信等平台聚集了各种兴趣爱好趋同的群体，这些平台用户多、使用频率高，受众往往具有强烈的表现自己的愿望，一旦接收信息就会二次扩散在其他平台上，迅速呈指数型蔓延。在这些平台上网络自制既可以以官方身份发布信息，也能参与群体的讨论，使得网络自制的受众参与到营销活动中，激发和引导消费者的行为，实现受众对网络自制剧情绪信息的全方位、多角度接收。

网络自制剧的情绪营销需联合各平台实施整合营销。播出平台方面，《白夜追凶》因罪案剧题材和内容，被限制在电视上播放。但随着三网融合，电视台、视频网站平台、IPTV观众群体的情绪需求也有很多的共同点，多平台合作能达到互补共赢的效果。传播渠道方面，网络自制剧的情绪营销需要丰富多元渠道，以情绪作为网络自制剧与受众共同的主要元素，多维度开展立体营销宣传，达到"1+1＞2"的协同效应。同时，网络自制在宣传主要情绪元素时，应多使用具有新鲜感的技术，比如运用 HS 技术将受众代入剧中对话，使用 AR 技术使受众能与剧中明星能在"现实"中交流。网络自制剧整合营销还需要延长价值链。情绪作为核心竞争力增加了受众黏性，促使现有以及潜在的受众与剧集甚至视频网站平台建立长期的联系，保证了网络自制剧后置剧集的持续传播以及衍生产品的卖方价值，进一步实现盈利的稳定性。

第四章　跨境电商网络营销的基本理论

第一节　我国跨境电商平台网络营销

　　本节在梳理跨境电商平台网络营销相关文献的基础上，总结出发展跨境电商网络营销有效做法，指出其发展过程中存在的问题，同时提出通过保障产品质量，注重建设高质量服务，有效利用大数据等有效对策，以此跨境电商网络营销的发展，提高跨境电商平台的竞争能力。

　　跨境电子商务正处于快速发展的过程中，它不仅突破了国家间交易壁垒，加速了国际贸易联系，而且改变了传统的国际贸易惯例，实现世界经济的转型。近年来，与中国贸易总量增长乏力相比，这将成为未来我国对外贸易新的增长点。目前，跨境电商的发展存在着很多问题：例如不能完全保证产品质量、支付平台的安全性得不到保障、物流落后导致发展缓慢。跨境电子商务平台想要在大数据时代依靠互联网实现进一步地发展，就必须解决这些问题，而其关键就是展开网络营销。网络营销具有传统营销无法比拟的优势：不受时空限制，及时有效地整合和利用各种资源，加快企业运转效率；具有高辐射性，能加速产业间的融合和发展，便于形成优质新兴产业；具有快速蔓延的特点，加快优胜劣汰的竞争；节省了公司的总运营成本。对于跨境电商平台来说，网络营销功能主要包括交互、差异和全面三个特征，实现顾客与平台之间的双向实时沟通，便于顾客更加了解平台和产品，同时平台也对顾客需求有更深入的了解，满足顾客的个性化需求；另一方面，网络营销打破时空的限制，营销活动可以在世界各地进行，相比传统营销，覆盖范围更广，传播时间更长。本节对国内外关于跨境电商网络营销研究进行梳理和评价，总结出发展跨境电商网络营销的关键环节及有效做法。

一、跨境电商网络营销存在的问题

　　产品同质化严重，质量参差不齐。由于技术欠缺，跨境电商平台难以准确了解目标市场中每个消费者的实际需求。因此，平台以往营销方式是将目标市场看作一个同质化市场，消费者在目标市场中具有类似的需求特征，并且基于这种需求特征设计制造产品。然而人们的需求却是多样化的，很多电商平台的产品丰富度跟不上消费者的需求，产品缺乏个性特点，另一方面，热销产品供应商都有自己的销售或代理商，加重产品同质化，竞争力大大降低。此外，跨境电商平台核心产品类别太少，缺少市场点有率排名高的产品，让其面临严峻的挑战。

跨境电商行业涉及多方市场实体和渠道，导致供应商的质量不同，产品真实性难以保证，各大平台的销售假冒商品的情况层出不穷。为了谋取利润，众多商家一味降价销售，陷入无休止的价格战中，而盲目降价销售的产品，质量普遍低劣，非常不利于市场的良性发展。另外，部分入驻商家没有正规的授权资格，真假产品混合销售。市场体系不健全，忽视管理和监督，同时一些平台法律意识薄弱，侵犯知识产权，这造成产品在质量上存在许多问题。

服务质量有待提高。跨境电商平台的服务水平对顾客对于平台的选择造成直接影响，低水平的服务极大地降低顾客的忠诚度，影响顾客的再次消费。服务质量的高低也影响营销效果，不能让顾客满意的服务直接影响产品销量和平台口碑。

跨境电商平台是互联网时代新型的集成中间商，目前正处于成长阶段，提供产品信息、订货、结算、通关、物流、仓储、融资等一系列复杂的综合服务能力欠缺，有待提升。同时，错误的企业战略也阻碍了综合服务能力的提高与发展。

在售后服务方面，由于缺乏公权力和合理有效的纠纷解决机制，纠纷处理困难，顾客对售后服务较为不满，易对平台造成危机。

另外，平台不注重差异化服务，根据市场营销策略理论来说，在细分市场下，差异化服务组合可以让企业平台区别于对手，提高平台竞争力。跨境电商平台同质化的服务并没有让顾客获得优质的体验。

跨境电商平台在大数据运用上存在问题。大数据技术在跨境电商网络营销中发挥极大的作用。根据大数据技术，跨境电商平台能对消费者行为、意愿进行有效分析，有效把握消费者需求和市场动向，提高网络营销效率。

虽然目前已进入数据时代，但跨境电商平台实际掌握的数据还只是九牛一毛，数据稀缺且价值低。从电商本身考虑，多数电商平台对大数据技术认知不足和投入不足，难以精准全面地分析，降低了营销效果；从人才方面考虑，大数据下的跨境电子商务平台发展势头迅猛，但目前极度缺少复合型的专业人才，同时电商平台对于解决实际问题能力的中级电商人才需求旺盛（蔡建惠，2018）。

另一方面，跨境电商平台在收集数据，存在泄漏消费者隐私的风险。为进行消费者的行为分析，平台必然涉及消费者真实信息，但平台对于保护消费者隐私意识较淡薄，且技术也有所欠缺，若发生消费者隐私泄漏情况，不能进行及时有效地补救。这导致消费者不信任电商平台，消费者为自我保护提供虚假信息或关闭隐私数据的权限，使平台无法收集分析出高价值信息。

物流成本高，时间空间跨度大。由于多数跨境电商平台成立时间较短，在物流方面，存在诸多问题：跨境物流相比国内物流，多了出入境和海外运输的过程，空间跨度较大，消耗大量时间和金钱，极大地降低了顾客满意度；物流自动化程度低，信息化程度也不高，特别是国际段的物流信息难以追踪，造成包裹丢失现象，阻碍跨境电商的发展。

从跨境电商本身特征分析，跨境电商具有种类多、数量小、频率高的特征，这加大了海关部门工作量，影响通关流程也增大了成本。

从物流供应链角度分析，一些平台的货物经由保税区到国内销售，跨境产品通关过程烦琐复杂，商品通过时效性差、周转时间较长。

从跨境电商物流体系分析，我国的物流基层设施有待完善，跨境的仓储、运输、通关等方面有待提高，整体跨境电商物流体系不健全，导致物流效率较低。

支付平台安全信任和费用问题。根据研究发现，支付方式要具有多样性、便利性和安全性的特点，只有当消费者认为，通过平台购物的支付环节是受保护且保密的，消费者对其产生信任后，才有可能产生购买意愿。

然而跨境电商支付平台安全信任和费用问题极为突出，电商平台通常使用第三方进行结算，在电子支付过程中，存在系统漏洞导致信息泄露、病毒侵入威胁用户账户安全的风险。同时，结算第三方会收取一定比例的支付费，消费者因此支付更多中间费用。跨境电商的支付手段也具有局限性，买方在进行付款时会受到支付手段的制约。美国亚马逊囊括了几乎所有的在线支付手段，但国内第三方支付平台还尚未全面进入国外市场。另外，考虑到跨境电商交易具有虚拟性，这导致一些欺诈、洗钱等非法行为易发生，使电商交易信用风险增加。

跨境电商人才缺失严重。传统国际外贸企业都在向跨境电商平台转型，对人才的需求也在不断变化，但在当今的国内大学，国际商务专业的人才培养方案仍然采用传统模式，无法满足市场的实际需求。当前跨境电商平台需要人才各方面的综合能力要求越来越高，而目前培养的人才能力单一、缺乏整体性思维、动手能力差、综合能力较低，不符合日益发展的平台对于人才的要求。

根据数据分析，电子商务运营和推广人才对于跨境电子商务平台来说非常稀缺，平台需要人才进行运营和管理，运用网络营销手段对产品进行推广；另外，平台也十分需要一批关于IT和美工的技术性人才，进行产品研发和策划，达到美学和视觉营销效果。

在实际发展中，传统企业营销方案与管理方式并不适合跨境电商平台的建立与发展，当前平台缺失专业的相关管理人才和网络技术人才，因此对平台营销策略改革和创新迫在眉睫。

二、提升跨境电商网络营销相关对策

提高产品差异化，完善产品质量。跨境电子商务平台需要从多方面加强产品质量管理，保证产品质量，消除消费者顾虑。

从产品供应方面，平台应加强完善产品供应链，扩大合作规模，建立多样化合作渠道，为消费者提供更多选择，避免商品同质化。

从保障正品率方面，平台应在售前、售中、售后三个环节都重视对商品质量的监管。售前环节加强商品的供应链管理，寻求稳定的优质货源；售中环节配合第三方检查，打造平台正品保障形象；完善售后服务机制，提高解决问题的效率。

从消费者需求方面，平台应分析用户市场，注重用户分类化，从消费者的客观需求出发提供较为契合的产品，满足其消费心理。

同时，跨境电商平台应完善相关的产品质量和营销方案，提升产品创新意识，关注产品质量，提高品牌效应，但平台应确保所发的商品和平台宣传商品一致，不能为了营销，故意美化代售商品，用劣质商品忽悠消费者。

注重建设高质量服务。在提高服务质量的过程中，首先应了解消费者的实际需求，根据其需求进行合理商品推荐，并做好对消费者信息的保密工作。平台要及时倾听解决消费者意见，对消费者购买后的使用情况进行回访调查，解决消费者的疑问并对自身在营销过程中存在的不足之处进行总结；另一方面，跨境电商平台应深入开展市场调查，分析不同消费群体的消费习惯，从而进行差异化服务，给消费者带来个性化的体验。

在交易过程中，服务水平至关重要，亲切友好、耐心热情的态度能增进平台与顾客间的距离，让顾客心生好感，提高达成交易的可能性。同时，也要提高解决问题的效率，在售前、售中、售后不管遇到什么问题，工作人员都应进行耐心、高效地给予解答，合理妥善解决问题。

这些对服务人员的素质、能力要求提出高要求。所以，平台应加强跨境电商团队建设，对工作人员定期培训考核，组织电商交流会或营销分享来提升工作人员的综合能力。特别注重对接触消费者的一线工作人员的培训，建立标准化的服务体系，有效解难答疑，提高了客户满意度。

大数据视角下促进跨境电商平台营销发展的建议。跨境电商平台为了更好利用大数据进行网络营销，首先应当贯彻大数据思维，包括树立总体思维、容错思维和相关思维替换因果思维，其次平台应建立大数据精准营销体系，利用大数据获取客户数据，建立核心客户数据库，以此获得客户的精准细分，便于进行市场定位，最后通过大数据跟踪客户，提供增值服务，提供客户忠诚度和重复购买力。对人才建设的投入也必不可少，引进高端数据分析人才，加大数据分析培训力度，建立数据分析团队，此外，平台需加强企业间、校企间的合作，促进人才与技术交流；最后，电商平台可以通过后台数据及时地反应平台的运营情况及存在的问题，通过大数据分析，对产品选择、平台建设和优化、营销方式等方面提供指导性的建议。

但是在利用大数据的同时，加强平台对数据资源的保护非常重要。一方面，为防止员工销售信息，与内部控制员工签订竞业限制合同和保密协议；另一方面，旨在防止非法黑客窃取信息数据，建立了大数据处理分析保护系统。

提高效率，降低成本，优化物流服务质量。跨境电商平台在建立与其发展相协调的国际物流体系时，应结合消费者地理分散程度和平台自身物流资源拥有程度。可以选择积极支持现有物流企业拓展国际服务，加大业务力度，形成规模效益；也可以选择努力建设海外存储基地，提高效率，降低物流成本。海外仓有三种设立的模式：自建模式、与第三方合作模式、一站式配套服务模式。三种模式各有其特点，跨境电商平台应结合自身特点，选择最合适的模式，降低成本，控制风险。

另外，平台还可以将跨境物流与大数据相结合，建立基于物流数据的数据分析管理系统，选择最优的送货方式，提高跨境商品存储管理效率和物流速度，缩短商品配送时间，提升用户跨境交易的消费体验。

完善支付方式，保障支付安全。跨境电商平台的支付方式应向多样性、便利性和安全性的特点靠拢。平台可以积极配合支持国内的第三方支付平台发展，与各国银行或者其他支付平台，达成协议，同时配合政府支持，开通一条专门的跨境电商结算支付通道，达到安全高效便捷的效果。同时我国第三方支付机构在与跨境金融机构建立合作关系时，应充分简化收付、结算、资金到账等流程，从而提升资金流转的安全性。

跨境电商平台在平时经营中，应主动学习有关第三方支付平台的章程和规则，积极组织工作人员参加行业的法律法规培训，有效维护自身利益以及避免违法违规行为的发生。另外，平台应进一步完善支付软件，必须使用实名认证进行付款，以确保消费者身份的真实性并实时保存交易记录。同时，考虑建立跨境支付信用体系，参考发达国家的做法，可以极大地降低跨境支付风险，保护买卖双方的安全。

加强对跨境人才的培养，建立起稳固的工作团队。通过深化校企合作，拓宽人才的供应渠道。高校和平台企业可以共同修订人才培养方案，共建实践基地，编制课程指导手册。高校的综合能力得到加强，平台更能减少招聘成本，获得高质量人才；另一方面，可以挖掘从业者的潜力，不断提升其业务能力，同时还可以引进国外的高端人才，满足平台经营和发展的需要。

在工作中，平台需要主动实施和推行人才培养机制，不仅需要加强对新员工的岗前培训，还需要提高关键员工的业务能力，从而进一步提升平台本身的专业性，更好应对未来发生的问题，降低风险性，增强自身竞争力。此外，平台需特别重视对管理人员的培训和激励，因为只有在管理人员有效地管理督促下，其他人员才能得到更好的发展，挥发最大的用处。

在新时代背景下，跨境电商触动着经济的增长点，蕴藏着极大的潜能与发展前景。跨境电商具有方便、快捷、成本低等诸多优点，但相比国外发达国家，我国跨境电商还处于劣势地位，暴露诸多问题，如产品质量、售后服务、支付安全性等，这意味着跨境电商平台要立足自身，改变平台策略，合理利用网络营销，整合多方力量和多种资源，从而增加平台竞争力和知名度。

第二节　跨境电商网络营销渠道简析

国际电商也就是 B2C 发展迅速，犹如十年前的淘宝，存在着巨大的商机，速卖通平台就是其中之一，速卖通平台是笔者最熟悉的一个平台，因此，发表对速卖通平台操作的认知以及着重展发表网络营销这一方面的个人见解。

一、跨境电商业务概要

跨境电子商务（简称跨境电商）在电子商务贸易往来中，是最高级的贸易形式。位处不同国际区域的交易双方在进行跨境交易时，因为存在着较大的区域距离，所以只能通过互联网或相关的信息平台进行交易。从其特点上来说，其实就是以网络化和电子化来代替传统的国际贸易形式。全球目前使用的跨境电子商务模式主要有三种：B2B、B2C 和 C2C。

B2B 的模式与传统的贸易模式没有很大的差别，是在线上发布商品信息，然后在线下成交和通关；B2C 是企业与消费者之间面对面的模式，企业把产品以航空、快递等物流方式托运给消费者；C2C 是消费者个人间的电子商务行为。比如一个消费者有一台电脑，通过网络进行交易，把它出售给另外一个消费者，此种交易类型就称为 C2C 电子商务。

阿里巴巴在中国打造全球速卖通网络销售平台，目的是让中国的网络经销商与国外的零售商终端以及网店接触，把国外的一些产品以小批量的方式快速销往海外，扩大利润获取的空间，力求获取最大的利润额，在这个网络销售平台中、订单、支付和物流是一条龙服务。别看在这个平台中销售的绝大部分是小商品，小订单，但是在全球中占据的市场却很大。买家采取这种采购方式之后，新的采购潮流正在逐渐形成，周期短、利润高、供货渠道快、支付成本低，支付安全系数大为整个交易过程保驾护航，避免货款受骗。

二、跨境电商营销与传统营销差异分析

传统营销把所要销售的产品通过电视、广播和报纸等媒体传播给消费者，有时还可以通过电话等形式与消费者进到互动。而跨境电商营销只能通过搜索引擎营销等形式与消费者建立联系，与消费者的互动少之又少。如果企业想借助线下推广的活动与消费者群体进行面对面的互动，需要很高的费用，所接触的消费者群体比较狭窄，效果甚差。

网络营销，主要跨境电商平台站内营销和站外营销。以速卖通为例，站内营销主要有直通车、四大营销工具（限时限量折扣、全店铺打折、满立减、优惠券）、联盟营销、营销邮件、平台活动等等。

三、站内营销一般操作技巧——以速卖通为例

直通车主要通过充值钱来给产品核心关键词调价，使产品排名靠前，这是点击付费的一款工具；速卖通在促销产品时，通过会采用限时限量打折扣的促销方式。卖家选择固定的产品在某个时间内设置促销折扣，其目的就是推出新产品、造爆品，清除积压的库存。限时限量折扣：可以先在产品管理里的产品分组里面进行折扣分组，这样在设置折扣的时候比较省事。限时限量折扣一定要紧接着，不能中断，中断的话很多数据也会受影响，比如：曝光量、点击率等等数据会下降，活动的结束时间计算好，最好是我们在工作的时间，方便延续下次活动，一般活动时间不要设置太长，万一活动期间想要修改运费模板，产品信息之类的，时间设置太长在活动中就不能修改了，还要等到活动结束才能再去修改，打折活动的结束时间最好是数据纵横中实时风暴里面的最佳搜索和购买时间，因为折扣结束之前，下一个活动会显示等待展示，这段时间流量会急剧上升。一个月有 40 个活动，我们要把握好活动个数来设置活动，一般是设置 3 天左右。全店铺打折一个月 20 个活动，我们要把握好活动个数来设置活动，一般设置 1—3 天左右。全店铺打折最好和限时限量折扣同时打折扣，因为全店铺打折对于超过 50% 的折扣的产品是打折不成功的，所以让限时折扣把这部分折扣补上，打折活动的结束时间最好是数据纵横中实时风暴里面的最佳搜索和购买时间，因为折扣结束之前，下一个活动会显示等待展示，这段时间流量会急剧上升。优惠券分为领取型优惠券、定向发放型优惠券和金币兑换优惠券：领取型优惠券可以根据店铺里面产品的价格，在不亏本的情况下设置相应面值的优惠券；定向发放型优惠券可以发给一些老客户，一些在店铺里面购买次数多的客户。一般一个月优惠券活动个数有 10 个，这个可以时间设置长一点，把握好活动个数来设置优惠券，特别强调一点的是优惠券的有效天数是在买家领取成功后的 7—10 天。优惠券的设置也会给店铺带来流量；满立减一个月的活动个数是 10 个，可以根据店铺里面产品的价格，在不亏本的情况下设置满多少减多少，这个可以时间设置长一点，把握好活动个数来设置满立减，满立减的设置也会给店铺带来流量。满立减和优惠券是可以叠加的，所以要注意产品的利润；联盟营销：要把店铺里所有的产品加入到联盟营销里面我的主推产品，过一段时间如果有新品上传上去也不要忘记把新品添加到联盟营销里面去。联盟营销只能添加 60 款产品，如果有些店铺的产品数量较多的话，可以选一些数据比较好的添加进去，一些平台即将要下架的产品（未续约产品）可以从联盟营销里面移除；营销邮件客户可以根据已交易，加购物车，加收藏夹，五星，四星，购买了 2 次及以上的老客户等来进行分类，并针对不同类型的客户进行发送不同的邮件；这是维护老顾客的一种手段，隔一段时间就把你的店优势产品推荐给他，大促活动，比如黑五、双 11 活动改变了国人很多消费习惯，对国外商品的需求量也在不断地递增，但是与国内产品的需求量相比，国外商品在国内市场的销售额远远低于国内的产品。所以要借助重要的节日培育国内消费者海外购买的习惯。好的创意和新鲜感会带动消

费者的好奇心，促进消费者对境外商品的购买量；新品上新、低价促销活动、清库存商品。邮件的营销有利于促进回头客，以及增加曝光率，巧妙的发送营销邮件，注意发送时间、发送频率、发送数量。平台活动是为消费者提供购买决策。它是作为集用户营销、活动营销、口碑营销、商品营销为一体的营销导购平台，为数百万商家提升了品牌价值与影响力！每天检查是否有可以参加的平台活动，找出平台活动更新的时间，在第一时间报名，特别是出单比较频繁的店铺可以报的可能性会更大；其次要确认库存，有些库存量不足的产品就不要参加活动了，避免买家下单不能发货的情况发生。

四、站外营销一般操作技巧

除了这么多的站内营销之外，站外营销也是很重要的一部分，主要包括国外的一些常用社交软件。那么，有哪些社交媒体适合跨境电商营销呢？

（一）Facebook

在为全球最大的社交网站里，每天浏览网站的人次超过了 4 000 万。另外，很多小公司也喜欢使用该社交网站，数量估量有 3 000 万，其中超过了 150 万家企业在该社交网站以付费的方式打广告。B2C 大佬兰亭集势、DX 等都利用该社交网站对本企业进行宣传，越来越多的海外营销活动都通过该社交网站，很多跨境电商也在不同程度地关注此社交网站。

（二）Twitter

Twitter 属于微博类型，在这个网站里，注册的用户也很多，目前统计的数量为 5 亿用户。在这个网站里，用户发布信息时受字数的影响，不能超过 140 个字符，但是企业"无孔不入"，巧妙地利用这有限的字符对自身的产品进行宣传推销。在 Twitter 平台上，活跃着很多名人，电商们也会和名人们取得联系，借他们的口来推销自己的产品，让更多的粉丝们熟悉、使用自己的产品。2014 年 9 月，Twitter 推出了购物功能键，这对于跨境电商来说无疑又是一大利好消息。

（三）YouTube

YouTube 属于视频网站，全球很多用户每天在这个网站上传、浏览和分享视频。视频在这个网站上推广时，能够取得铺天盖地的推广效果，所以该网站得到了很多跨境电商的青睐，为了吸引更多的消费者，可以通过一些有创意的视频进行产品广告的植入，或者找一些意见领袖来评论产品宣传片，都是非常不错的引流方式。

（四）Pinterest

Pinterest 主要是分享图片，跨境电商在营销产品时，离不开图片的宣传，当电商把精美的图片上传到该网站后，买家对这些图片就会产生强烈的兴趣，通过多次对比之后，就能选中自己喜欢的产品，并且下单，促进交易的完成。2014年9月，Pinterest推出了广告业务。品牌广告主可以利用图片的方式，推广相关产品和服务，用户可以直接点击该图片进行购买。Pinterest通过收集用户个人信息，建立偏好数据库，以帮助广告主进行精准营销。因此，除了建立品牌主页外，跨境电商网站还可以购买Pinterest的广告进行营销推广。与Pinterest类似的网站还有Snapchat、Instagram以及Flickr等。

国外社交网站多种多样，每个软件针对的国家也不同，要选择适合的网站来推广准确的国家，研究外国人的喜好在合适的时间发布，站外推广也是一门大学问。

采用网络营销策略时，因为不同的产品具有不同的特性，不同的市场具有自己的营销特点，所以当产品投入某个市场时，就有必要进行市场调研，调查投入市场的可行性，做好一个可行性的预测。当市场预测的结果显示可以投入产品时，接下来的事情就是借助网络进行各种宣传行为。利用互联网促进产品的销售，可以实施交互式的营销策略，为消费者提供满意的服务。网络营销为企业提供了适应全球网络技术发展与信息网络社会变革的新的技术和手段，是现代企业跨世纪的营销策略。随着经济的发展，计划经济正在转变成为市场经济，市场正在由卖方向买方转变，消费者在市场营销秩序中占据了主导的地位。总而言之，利用网络营销理论能够有效地控制成本，利于更多市场的开拓，利于网络销售平台能够与顾客保持良好的关系。但网络营销的实施不是某一个技术方面问题、某一个网站建设问题，它还涉及企业整个营销战略方向，以及营销策略制定和实施方面。网络整合营销时代到来了，当一个新产品或新品牌出现时，就要抓住爆款的机会，通过网络宣传、网络传播等渠道，提高产品或品牌的销售量。整合营销就是结合自身实际，积极开展多种营销，选择最适合自己的方式，最大限度的开源节流，达到长期的、有系统的深度宣传效果，令企业收到事半功倍的营销效果。

第三节　文化差异下跨境电商网络营销

改革开放以来，我国的对外开放程度不断加深，诸多的企业在"走出去"战略的推动下，积极开拓海外市场。近年来，基于互联网技术的发展运用，跨境电子商务高速发展，而中小企业成了这一环节的主要参与者。目前，为增强相关企业的市场竞争力，企业需要强化不同文化背景下的网络营销策略。

互联网技术的推广运用，带动了跨境电商平台的兴起发展，而各企业为强化市场竞争力，带动更高经济效益的取得，企业需要分析不同的文化背景，采用不同的营销策略。本节基于此，着重分析了跨境电商业务中跨文化背景的营销策略。

一、文化差异对跨境电商网络营销的影响

作为不同地区人类生活的形态，文化往往包含了一个区域的文学、宗教、价值观念等因素。近年来，国际贸易的强化导致各企业需要研究各地区的文化背景，掌握到营销策略。关于文化差异对跨境电商网络营销的影响，笔者总结如下：

影响销用户需求。企业在开展跨境电商网络营销作业的过程中，不能够简单地进行自有产品的发布以及销售，这种营销策略往往会导致营销效率的低下，不利于经济效益的取得。为此，企业需要着重分析文化差异对于用户需求的影响。

由于文化的差异性，各地区对于同一产品的需求存在不同。不仅如此，各地区的消费水平也会对产品的销售渠道以及销量产生影响。诸如在经济落后地区，奢侈品的市场将难以得到有效打开。基于此，企业在推进跨境电商网络营销时，需要对用户进行分类，并依据目标需求，选择适宜的商品。

再者，企业在开展跨境电商网络营销工作过程中，还需要对产品的中文名进行有效的翻译，确保符合当地的用语习惯，防止因为翻译不当而导致的企业形象受损状况的出现。

影响消费习惯。在不同地区文化的影响下，人们的消费习惯也存在差异性。不仅如此，受众的年龄层级也对消费心理产生影响。以美国的消费习惯为例，美国人习惯于超前消费，而网络营销在开展的过程中，需要注重在线支付问题，并提供符合当地消费习惯的支付方式，支持信用卡支付。

也就是说，企业需要依据当地的消费习惯，制定有效的促销策略。在这一环节，企业可以在电商平台上推行现金折扣、买一送一等活动。目前，以西方市场为例，该地区的人民主要将圣诞节、黑色星期五定义为购物狂欢节，为此其需要因迎合国外的消费习惯，在当地的购物节假日进行促销。

影响消费喜好。文化对消费者的审美情趣产生较大的影响。一般而言，不同文化背景下消费者会在产品的颜色、符号选择方面存在差异性。

中国的传统文化中，龙是神兽，寓意着权力、地位、吉祥。但是在西方文化的国家领域中，龙往往是邪恶的象征，代表着黑暗、凶恶、残忍。基于此，中国也在跨境电商销售的过程中，需要在产品设计以及包装方面考量到文化的差异性，避免造成不良的影响。一般而言，企业只有注重这些文化的差异性，才能够确保自身品牌产品在当地消费者心中树立良好的形象。与此同时，由于中西方计量单位的差异性，企业也需要强化注意。

二、基于文化差异的跨境电商网络营销策略

为保障我国电商企业在国际市场上的地位以及份额，其需要结合时代的需要深入考量基于文化差异的跨境电商网络营销策略，并在这一过程中做好文化背景调查，防止因为文化差异而带来的风险，提升我国电商企业的合作领域范围。关于基于文化差异的跨境电商

网络营销策略，笔者总结如下：

定位目标市场。伴随信息技术的发展，跨境电子商务获得了蓬勃发展。在这样的背景下，企业一旦缺乏必要的市场调研，往往会导致各项业务的开展存在较大的盲目性，不利于企业营业额的提升。

为此，电商企业需要实现做好市场调研的工作，清晰做好市场定位。在这一过程中，工作人员需要做好文化差异的分析工作，规避因为文化不同而导致的风险。以兰亭集品牌婚纱的海外市场开拓为例，该企业在尊重文化差异的同时，进一步发挥本土文化的优势，创造更为优秀的文化产品。

而在推进跨境电商网络营销时，我们也需要依据时代的变化专业市场区域，除了紧抓欧美国家之外，还需要关注"一带一路"的新兴经济体，挖掘这些国家消费者的消费潜力。在这一过程中，企业需要根据产品特点，合理的定位产品消费人群，并积极开展营销。以高档消费品的跨境销售为例，企业可以借助专业的财经新闻网站上进行曝光，经常浏览专业财经网站的人们消费水平一般比较高，借助这类渠道可以让产品宣传直达目标人群。

打造自主品牌。为保障跨境电商网络营销额的稳步提升，我们还需要做好自主品牌的创建工作，并完善后续的服务质量以及意识。事实上，上述工作的合理完成能够在最大程度上创造顾客价值，进而实现自身国际市场核心竞争力的提升。

通过对跨境电商平台商品的调研分析发现：尽管网络平台上的商品数量以及种类较多，但是产品的同质化问题较为严重，而且相同性质的商品价格都在网络公布，故而竞争压力较大。基于此，企业需要在网络营销中注重商品的品牌建设，并带动产品核心竞争力的提升。

中国的制造业在商品制作过程中往往注重产品的低价，进而忽视产品的文化诉求以及价值。为此，如何提升产品的品质成了其需要关注的领域。近年来，小米、华为等民族品牌通过跨境电商的渠道积极开拓国外市场，并进一步获得消费者。目前，国外企业在商品制造、包装上注重绿色低碳，而这就对环境保护要求比较高的，跨境电商企业要在网络营销中加强对品牌价值观的宣传，增加商品的精神附加值。

加强本土化运营。在进行跨境电商网络营销时，企业还需要强化本土化系统的打造，从而增强用户的平台体验感。诸如，如果中国产品通过网络平台销往美国，企业可以借助亚马逊平台进行，并在产品投放过程中注重 Facebook、Twitter 等社交平台的运用。

不仅如此，企业还可以借助各类网络营销工具的运用，利用好 Google、雅虎等网络搜索引擎开展网络营销。为保障网络营销的效率，企业还可以借助电子邮件广告、博客宣传、网站推广等方式进行推广。除此之外，必要的网络软也能够为企业的口碑以及市场开拓奠定基础。

在提高顾客满意度的过程中，为规避时差、语言差异等因素对满意度的影响，工作人员可以在本地雇佣当地居民进行客服工作的开展，从而确保客户能够获得更准确、高质量的在线咨询。在网络上销售的过程中，产品的图片和文字往往是营销键要素，因此相关企业在推进跨境电商业务过程中需要强化对于营销细节关注，诸如对于各种计量单位的转换，防止因为这一因素导致的交易纠纷。

此外，企业在开展跨境电商业务的过程中，需要有效的提升自己的法律意识，注重对知识产权的保护，提高对商标权、专利权的重视程度。在这一过程中，企业需要确保自身对于知识产权的了解，维护自身的权益。

第四节　社交网络时代跨境电商口碑营销

现代网络技术促进了虚拟社区的发展，口碑营销成为新型的重要营销手段之一。小红书通过口碑营销与跨境电商的结合，将全球好物带给用户。本节以小红书为例，对小红书的口碑营销模式进行分析。

如今我们已经步入了新市场营销的大数据时代，互联网的发展一步步走向成熟，现代互联网技术使我们每个人都生活在新媒体时代，也不断催生着虚拟社区的发展。市场层面的扩散依赖于消费者相互互动的社交网络。社交网络包括节点—消费者—联系—它们之间的社会联系，社会网络的结构影响着扩散过程。网络口碑这一概念可以理解为通过互联网技术传播的与特定的商业产品或者服务有关的受传者的反馈信息，理论上而言，这类信息具有双向传播性和公开性、可信度较高等特点。在众多企业中，小红书凭借自身的口碑营销优势在跨境电商领域做出了自己的特色，通过搜集用户的分享笔记，使其他用户降低搜寻成本，实现用户分享与海外购物的完整闭环。

一、口碑营销的定义

口碑营销很早就为人类所研究，传统意义上的口碑营销是指，不以经济手段为主要方式，通过传统口头上对商品及服务的传播来影响商家的销售和信誉，但在现在互联网时代，口碑营销从传统口头上的评价过渡到网络文字评价，增加了口碑营销的方式，为更多消费者和商家带来了便利。口碑营销是消费者发现产品的基础，在音乐、电影、书籍等产品类别中，或者电子游戏，消费者通常会找到与他们的产品相匹配的产品通过别人的推荐来尝试。

关于口碑营销的定义有很多，许多学者对口碑营销有其新的理解，蒋玉石认为："所谓的口碑营销是由生产者、销售者以外的个人，通过明示或暗示的方式，不经过第三方处理加工，传递关于某一特定产品、品牌、厂商、销售者以及能够使人联想到上述对象的任何组织或个人信息，从而使被推荐人获得信息、改变态度、甚至影响购买行为的一种双向互动的传播行为。"他指出其目的是在于企业可以减少宣传的成本，通过软文推广等方式，达到正面的口碑传播效果，使得消费者对产品产生良好的心理暗示从而达到购买的效果；祁定江认为"口碑营销是指企业或相关单位在买方市场条件下，对自己的产品或服务进行某一方面或某几方面的口碑设计，使消费者或其他非生产人员在消费或接触这些产品时所获得的实际利益超过他们的预期，进而通过他们向别人介绍这些产品而促进产品销量增加的一种营销活动方式。"

二、小红书ＡＰＰ的定位、特点及营销情况

小红书ＡＰＰ的定位是"做年轻人消费的决策入口"。年轻人是注重生活品质，对海淘有需求且有一定消费能力的人群。小红书将笔记系统作为其主推的核心功能，让用户通过海外购物笔记分享社区标记自己的生活，并把生活各方面的经验攻略分享给其他人。小红书为消费者提供既能购物又能得到信息分享的新平台，以消费者体验为中心，结合线上营销和跨境电商服务的方式，通过口碑来吸引更多消费者。

小红书以其突出的特点在各平台拥有一定优势，在发展初期收到大量好评。但在2019年7月下旬，各下载平台纷纷下架小红书，小红书被爆虚假种草产业链、违规宣传，已经下载小红书的用户可正常使用，虽然其公关人员表示小红书正在进行整改，加大审核力度，但广告泛滥、假货横行的趋势对小红书的发展无疑是不利的。

三、以小红书为例，口碑营销模式分析

本节对常州市的市民进行了调查访问。我们共发放300份问卷调查，调查问卷采取的是网上发放的形式，用时2个月的调查，最后排除无效样本后，获得有效问卷共293份，回收居民问卷样本有效率达97.6%。最终我们对数据进行分类整理，比较分析，得出有关的结论：

（一）做年轻人消费的决策入口

随着近年来人们消费水平的提高和网络的不断发展，人们的购物也不再仅仅局限于传统的商场，转向于更方便快捷的网上购物。而作为年轻的购物者，开始追求高品质的商品来提升生活品质。各个企业纷纷开发各种各样的应用平台来推动经济的发展，消费者需求多样化，仅仅靠单一的商业模式不足以拉动内需，需要更加精确的消费者定位和产品定位，小红书把年轻人作为使用主体，抓住现代年轻人通过网络以及新媒体了解资讯，获得更加明确精准的定位：做年轻人消费的决策入口。

18岁以下的使用者占比为3.85%，18～30岁使用者占比为84.62%，30岁以上的使用者占比为11.54%，整体使用小红书的人群趋于年轻化，这类的消费者具有相应的经济能力和主观意识，乐于分享和寻找适合自己的产品和信息，小红书为其提供决策入口和购买平台，为消费者提供一站式服务，通过清晰地定位消费人群从而利用网络社交媒体的推广，能够让年轻人迅速地了解认识到该平台。

（二）闭环经营：口碑＋跨境

口碑营销。小红书的社区笔记分享，核心是口碑营销。口碑营销使消费者更全面地了解产品并且更容易接受用户分享的购物体验，直接的商业广告易造成消费者的反感。小红书的社区模式，即为 UGC（用户原创内容）模式，通过互联网平台进行分享和展示，调动消费者的积极性，小红书提供了一个可以通过各种形式进行推荐的平台，消费者不再是搜寻的主体，更是小红书笔记内容的创造者和生产者，营销活动的不同之处就在于它们如何引导有机搜索和特定的电子口碑营销对话，这些间接影响对评估总体营销有效性时非常重要。小红书获得了消费者的口碑，利用口碑营销给消费者间接提供了信息渠道，促进了用户的相互联系和产品数据的增加，这是他的特点之一。

本研究还对消费者对自己了解的领域的购物方式进行了分析："对于我了解的领域，我购买商品用时很短，决定的很快"这一选项有 11.54% 的用户选择，这一选项说明了这些用户是不会去犹豫和参考别人的评论，主观直接判断是否购买，小红书对于这类消费者并不占优势，但这是消费者群体的少数，有 88.46% 的用户选择参考其他用户对这类产品的评价，这一选项说明了大多数用户更喜欢在购买前主动搜集其他用户的评价，对商品和服务及想了解的领域的口碑存在很大兴趣，这是现代网络购物社会消费者的心理趋势。小红书正是利用这一趋势开发了大数据平台，对积攒的用户分享数据进行筛选和过滤，根据用户的点赞、收藏和搜索记录，匹配相应的数据信息，满足用户的需要。

跨境电商。跨境电商是时代发展推动的经济形式，是在互联网的发展下出现的海外购物新模式。如今的市场竞争尤为激烈，仅仅以电商化的平台难以凸显一个平台的优势，因此要有明确的定位。社区能够有效利用口碑营销直接为电商企业的发展带来良好的收益。社区所创造的价值关键在于社区成员的互动和知识分享。小红书以跨境电商的形式通过了解消费者的购物需求，满足消费者的消费需求，网上商店"只需点击一下，随时可用，因此被拥有宽带互联网连接的消费者视为快捷方便"。与传统营销方式相比拓宽了其销售范围，同时缩减了销售成本，避免了运输成本和损耗、店铺成本、库存堆积，从而突破了传统的营销方式，获得了比传统营销更少的成本优势。

基于小红书商城，本次调查了消费者在商城的购买情况，有 34.63% 的用户在小红书商城中购买了商品，但 65.38% 的用户并没有以小红书商城作为自己的购物渠道，他们对小红书商城还不了解或是存在顾虑。在购买过的用户里，还对其进行购物品类进行了调查，其中护肤品和化妆品这两类购买者最多，表明使用商城购买的大多数为女性，在小红书商城中购买过商品的用户中，是因为浏览和搜寻小红书笔记而在小红书商城购买的用户较多，因此，小红书笔记对商城购买量的增加有推动作用，两者相辅相成。

（三）竞争与合作

当前，海淘与电商发展迅猛，网易考拉、天猫国际等各类电商企业占据市场，小红书面临着很大的竞争与挑战。小红书以口碑营销与跨境电商的营销模式运行，通过清晰地定位与个性化推荐在市场竞争中占据一定的优势。但其他作为行业巨头的跨境电商在市场竞争中具有一定的地位，且在服务方面较完备，也会给小红书带来一定的压力。

小红书目前虽然用户量较多，但羽翼未满，商城并没有足够多的品牌方入驻。在这样的情况下，小红书意识到了自己的弱项，努力寻求与淘宝等的合作。在2018年底，小红书与淘宝就已经进行过合作试水，在小红书的商家内测版中推出"好物点评团"，所谓"好物点评团"就是淘宝会员可以直接对小红书的笔记进行点评点赞收藏等，其中主推笔记为具有较高人气的美妆产品。淘宝用户和小红书用户本身是有很大一部分重叠，双方的合作也便利了用户的交流。

（四）问题与建议

广告泛滥，用户难以判断真假。小红书的口号是"找到国外的好东西"，但是小红书的用户，难以在众多商家广告中找到真正的"国外的好东西"，平台上由于广告商及品牌方的注入，种草笔记存在刷赞和增加点击浏览量等商业性质的虚假广告问题，并且广告数量较为庞大，这对用户在分享社区搜集有效的购物信息造成较大的困扰。用户难以判断笔记是否为用户的真实体验还是商家投入的广告，长时间将导致用户对小红书失去信任感，最终导致用户的流失。

退换货难。据电子商务消费纠纷调解平台监测了解，小红书是用户投诉的热点跨境平台，退换货难，使得很多用户面对想要购买的产品望而却步，平台失去大量订单，同时也失去了用户的信任，购买过的用户也不会进行二次购买。

建议。为了解决小红书虚假种草问题，小红书应当以口碑营销所形成的大量流量为基础，重视当前的热点商品和话题，对此做出推广，从而加强虚假过时的广告种草审核。对种草与拔草的笔记进行分类，让用户快速找到该商品的在购买过消费者心中的定位。商品的评价对消费者的购买和消费者对商家的信任都有着不可分割的影响。

口碑营销的模式必须建立在真实的基础上，加强商品种草的真实性和跨境商品的正品性，通过口碑营销能增加用户的规模和黏度，从而转为直接的消费者，实现用户流量的变现。

小红书能够成为知名的跨境电商品牌，正是因为对口碑营销的恰当运用。电商时代，网络口碑评价比传统的口碑传播更契合当代网民的心理诉求，从而已经成为消费者进行消费选择的必要前提。但也正是由于口碑营销能够产生巨大的影响力，某些片面性的观点和错误的信息也极易广泛传播，因此市场在规范企业使用口碑营销的道路上依旧任重道远。

第五节 跨境电商企业的自主品牌营销

随着计算机网络的发展，电商有了长足的进步，特别是近些年来改革开放的不断深入，我国电商逐渐向跨境电商发展，在其飞速发展的同时也不可避免地存在一些问题，在新的环境下跨境电商企业要转变传统的营销理念，实现品牌的营销是其现阶段应该追求的目标，自主品牌营销可以促进电商的发展，为其带来价格优势，并能增强其竞争力，提高电商的竞争地位和经济实力。

随着经济的发展，我国的跨境电商数量越来越多，他们创造的贸易总额也是不断增加，因此在我国的经济发展中占据着重要的地位，是我国经济中不可或缺的部分。近些年来，跨境电商企业虽然在快速发展，但是却也存在着一些需要解决的问题，这些问题阻碍了跨境电商企业潜力发挥，没有完全发挥其经济实力，它们以高科技为依托，因此过分依赖高科技，导致其没有正确地调整自己的经营方式，阻碍了其自主品牌经营的发展。

一、自主品牌营销的作用

价格优势。自主品牌营销最主要的作用就是能带给跨境电商企业价格优势。一旦有了自主品牌，那么跨境电商企业就会节省一大部分用于广告的费用，当然还有销售费用，节省费用最直接的影响就是跨境电商企业的成本，有利于降低其成本，从而帮助其获取更多的经济效益；自主品牌不仅可以帮助跨境电商企业降低成本，还能帮助跨境电商企业提高产品的价格，一般情况下，拥有自主品牌的跨境电商企业的产品价格都比一般的没有品牌的产品的价格要高很多，由此可见，自主品牌可以给跨境电商企业带来丰厚的利润。电商与传统的销售模式不同，它的买家就是消费者，因此不会扣取中间的费用，这使得其利润更加有保障，不仅如此在自主品牌的支持下，电商还能在保证自身利益的前提下降低价格，使消费者受惠，从而获取消费者青睐。

增强市场竞争力。无论是哪种性质的企业，面对激烈的市场竞争，要想生存和发展，就必须提高产品的质量，在此基础上获得消费者的关注和喜爱。有了自主品牌之后，电商在定价方面就会有较大的自由度，跨境电商企业可以在不断降低自己生产成本的基础上，可以适当降低自己的定价，让利于消费者，从而获得消费者的好感，为忠实客户的培养打下坚实的基础，从而保证消费者源源不断光顾自己的产品。具有自主品牌的跨境电商企业通常都是自主研发的产品，这些产品往往都在正规商店出售，这在很大程度上就是质量的保证，在此基础上，电商还要加强科研力度，对原有的产品进行新的改良，从而使自己产品的质量更上一层楼，维护好自主品牌的形象。质量以及消费者的喜爱才能让跨境电商企业健康可持续的发展，才能不断提高其产品的销售量，从而增强跨境电商企业的市场竞争力。

促进经营方式转型。自主品牌营销可以在很大程度上促进我国跨境电商企业转变自身的经营方式。随着电商的不断发展，相关的物流以及资金都已经从传统的双边向多边转变，逐渐形成一种网状结构模式，这给跨境电商企业从传统外贸向跨境电商业务过渡，面对的消费者更加广泛，并且可以在线了解消费者的需求，从而在自己的产品中增加相应的附加值，满足广大消费者的需求，在不断地竞争中完善自己的营销方式，向更好的方向转变，并建立相应的风险应对机制。自主品牌营销还可以帮助跨境电商企业冲破传统外贸中的困境，实现自身的发展，促进境外市场品牌的突破，从而使其从单一的外贸形式向多种综合方式转变。

二、自主品牌营销的制约因素

（一）意识薄弱

在传统营销模式和营销理念的长期影响下，我国电商的营销手段在很大程度上并没有与时俱进，而是停留在价格营销的阶段，他们都希望通过价格来在激烈的竞争中找到生存的空间，也是以价格战来获取自身最高的利益。我国的亚马逊、京东，还有阿里巴巴这些电商最近几年都得到了迅速的发展，它们依靠多种营销工具来不断扩展自身的发展，比如说在保证质量的前提下不断降低自己产品的价格，从而增加自己的订单，这是他们普遍使用的实现自身经济效益的方法，由此可见我国的跨境电商企业都没有很强的自主品牌意识，不仅如此，由于不同的国家有不同的习惯和风俗，导致其驾驭自主品牌的能力也很差，我国的跨境电商企业还依靠着传统的营销模式，因此很难驾驭得了自主品牌，虽然不乏那么几个可以驾驭得了自主品牌的，但是这种概率毕竟很小，由于规模比较小，所以很难将大规模的电商的自主品牌意识给唤醒。

（二）困境限制

跨境电商企业缺乏较高的自主品牌意识，这是内因，不仅有内因的影响，同时还有外因的影响。外部条件的制约，阻碍了跨境电商企业的进一步发展。

1. 物流。跨境电商企业对物流的依赖性很大，对物流的要求也很高，但是实际中的物流的速度以及服务却很不理想，给我国的跨境电商企业带来了很大的难题。由于物流速度比较慢，所以物流所递送的时间一般都很长，不仅时间上没有优越性，而且在物流的过程中还会出现一些问题，最常见的就是找不到包裹的情况，正是因为我国跨境电商企业物流的落后与不完善，阻碍了跨境电商企业的进一步发展。

2. 支付系统。支付系统是限制我国跨境电商企业进一步发展的另一个因素。由于不同的国家有不同的支付方式，这给每次的交易过程带来了很多的麻烦，国与国之间的支付系统很难实现对接，但是支付系统在客观上是无法统一的，因此给交易带来了诸多不便，因此在支付的过程中难免会出现困难，直接导致消费者信息降低，最终导致境外消费者的购买力不断下降。

3. 其他问题。除了物流以及支付系统这两个大问题之外，还有一些小问题，比如说电商会面临的关税、质量问题，虽然这些问题不大，而且相对比较好解决，但是仍然是跨境电商企业发展中的问题，它们一样阻碍跨境电商企业的发展。

三、跨境电商自主品牌营销策略

打造高素质团队。跨境电商企业的健康持续发展离不开自主品牌，想提高驾驭自主品牌的能力，提高电商团队的素质是必不可少的。一个优质的电商团队包括了方方面面，即平台操作、物流选择、客服处理以及产品开发，这些能力都是一个优质的电商团队应该具备的，只有具备综合能力才能有效地保证和促进电商企业的发展。就目前的情况来说，我国的很多跨境电商企业所拥有的团队都只是在平台操作以及产品、销售上有很强的能力，但是在品牌营销、销售渠道等方面的处理能力却很差。为了促进电商团队能力的综合发展，提高电商团队的整体素质，必须加强对整个团队的培训，并积极参加多样的电商交流会，此外还要积极借鉴国外优秀成功电商的先进经验，从而增强自身的竞争实力和能力。跨境电商企业要实现自主品牌营销就必须从自身发展的实际现状出发，首先可以在主要的消费地区和国家注册，并与自身团队线上和线下营销和品牌建设相结合，在发展中不断积累线上营销基础的口碑，然后在此基础上对境外市场进行细致划分，并与境外当地的电商进行合作，从而尽快促进自身电商企业品牌的本土化，更加贴近当地的消费者，更容易得到他们的喜爱和消费，从而提高自身的经济效益和销售业绩。最后在此基础上实施主要国家和地区品牌分销战略，甚至是全球分销的战略，促进营销模式从 B2C 向 B2B2C 的方向过渡。

选择优质电商平台。与传统的外贸不同，跨境电商企业所面临的消费者具有不同的采购特点，即次数多、数量少，而且收货时间短，每个消费者对电商提供的产品以及服务质量都可以直接地进行反馈，他们的反馈会形成电商跨境销售的口碑，这些不断积累起来的口碑就会直接影响跨境电商企业以后的销售。做跨境电商的企业很多都是传统的外贸企业，在转型之前交货期都比较长，一般都是半个多月甚至几个月，而且成交的金额很大，往往都是几千到数万美元，当然还有更大的订单。在转型之后，很多跨境电商企业仍然按照传统外贸的思维来经营，难以改变原有的方式，如此一来就很难满足境外消费者的需求了。因此，跨境电商企业在经营发展中要不断地改变自己的经营理念，为更多地小买家提供合适的服务、满足他们的小需求。

优质的电商平台对于跨境电商企业来说是很重要的，因此在选择或发展电商平台的时候，首先就要坚持买家优先的原则，时时刻刻想着买家，并在销售中不断形成良性的口碑，并将其消费体验留在产品的销售页面上，从而维护自身品牌的良好形象；然后跨境电商企业还要注重在平台上专业经营自己的品牌，从而有效地避免与众多的产品混在一起。跨境电商企业在开跨境店铺的时候，或者是建立自己的 B2C 网站都要专业化经营自己的品牌，专业化才是打造自己品牌的途径，而不是将所有的产品都混在一起进行销售；最后，跨境电商企业要在深入分析自己的品牌产品的基础上对所有的境外市场进行细分，从而将不同的产品投放到不同的市场，以满足不同的需求。比如说某品牌的手电筒，在销售的时候就要根据不同市场上消费者的不同需求来打造自己的品牌，海洋附近的国家有很多潜水爱好者，因此在宣传产品的时候就应该侧重于其防水性能，对于内陆国家的消费者来说则需要的是防震耐摔的性能，因此要根据不同的消费需求提供不同的性能的产品，才能满足不同的需求，从而赢得多角度良好的口碑，促进跨境电商企业的发展，提高其经济效益。

选择可靠物流公司、支付系统。物流和支付系统是跨境电商企业在发展中面临的最大的两个难题，因此为了促进跨境电商企业的发展以及自主品牌的打造必须选择良好可靠的物流公司、不断完善支付系统。

跨境电商企业要切实地了解自己的品牌以及境外市场的分布特点和消费者的消费需求，在快捷、灵活的物流公司的辅助下将产品快速地送达给买家。为了保证物流的速度和质量，跨境电商企业应该在保证自身的利润的前提下，多与国际知名的快递公司进行合作。知名物流公司有良好的态度和速度，他们可以使消费者在最短的时间内收到货物，而且还可以使其感受到跨境电商企业良好的服务，感受到品牌的魅力，从而提升自己的消费体验。对于货物数量大，而且不是很急的消费者就可以使用国际海运公司进行运送，对于比较急切的，而且包裹很小的货物就可以选择贝邮宝或者是海购丰运等快递公司进行运送。运用灵活的物流，才能满足不同消费者的收货需求，从而提高消费者的消费体验。

为了使交易更加便捷，跨境电商企业要不断完善自身的支付系统，比如说利用信用卡以及第三方支付等多种形式进行支付，满足不同的消费者的不同的支付需求。

加强与境外电商合作。由于是跨境销售，因此在物流时间上与当地的电商有很大的差距，因此为了改善这种情况，跨境电商企业可以加强与境外电商的合作，在当地建立仓储点以及物流仓库，从而实现线上接单快速发货的目标，让买家可以快速收货，促进跨境销售的本土化，从而有效的提高消费者的消费体验，最终增强跨境电商企业的境外市场竞争力。

跨境电商企业的健康可持续发展离不开自主品牌的构建，拥有了自主品牌可以享受价格上的优势，增强自身的竞争力，转变自己的经营方式，但是我国跨境电商企业在实际的发展中并没有深刻地认识到自主品牌的重要性，意识比较薄弱，而且在物流以及支付方式上存在着很多问题，都阻碍了他们的发展。因此为了改变这种现状，跨境电商企业就必须提高团队素质，选择优质电商平台、可靠物流公司、支付系统，加强与境外电商合作，通过这些措施来打造自身的品牌，从而增强市场竞争力、提高经济效益。

第六节　跨境电商环境下农产品社交媒体营销工作

在电子信息技术不断发展的今天，市场销售不断加强与网络技术的融合，极大地促进了我国商业发展。对于农产品销售来说，也借助电子商务销往国内外市场，显著提升了市场份额，促进农业发展。当前，人们普遍使用社交媒体，利用社交媒体也成为实现农产品销售的重要途径。本节从社交媒体营销的概念和主要形式入手，并分析如何在跨境电商背景下利用社交媒体营销促进农产品销售，希望具有借鉴意义。

随着"一带一路"政策的提出，我国农产品出口量逐渐增加，借助网络通信技术和电子商务技术的快速发展，我国的社交媒体也在农产品销售中发挥出重要的作用，社交媒体营销具有成本低、用户数量多、互动性强等优势，为农户拓展市场，树立品牌起到了重要的促进作用，进而为农产品跨境营销提供更多的商机。

一、社交媒体营销的概念和主要形式

（一）社交媒体营销的概念

社交媒体作为人们表达自己观点和交换意见的工具和平台，在电子商务领域的发展中作用越来越大。在信息时代下，诸多的企业在商品销售中都大量使用社交媒体网络营销，对于农业资源丰富、农产品种类众多的我国来说，已经在主力电商平台中进行相关产品的销售，打造了自身的品牌，使得销售量不断提升，促进了农业和相关行业的发展。目前看来，淘宝已经设立了专门的农产品销售板块，农批宝、农宝网也相继开发了专有手机软件，而使用人数数亿的微信、微博等在很多农户心中地位更高，可通过多种社交媒体发布和售卖农产品。在社交媒体营销模式逐渐成熟的今天，已经打破了以往农产品销售渠道不宽、销售效率不高的限制，广大农户或者企业都可以拓展市场，寻找商机，打造品牌形象，创造巨大的经济效益。社交媒体营销兼备传播学和营销学特征，在当今的营销模式中更加关注社会化媒体营销，利用其良好的互动性为用户带来良好的体验，同时也更加关注顾客的感受，利用该销售模式具有营销成本低、互动性强的优势，对我国农产品销售具有重要的促进作用。

（二）社交媒体营销的主要模式

目前在国内进行社交媒体营销的平台主要是微博、微信等，在国外主要是使用Facebook 和 Twitter。其中博客也叫作网络日记，可以在个人网页上发表自己的观点，便于进行管理，很多用户都采用叙事性的方法向农户或者消费者提供相关信息，尤其是在微博使用人数庞大的今天，仅需农产品的宣传和销售都是有效渠道，可以与商家、客户、消费者建立密切的合作关系。此外，也有从事跨境电商的农产品销售采用 Facebook 和 Twitter，对这两种软件的利用可以打破地域的限制，让不同国家消费者对农产品的信息及时掌握。

二、如何在跨境电商背景下利用社交媒体营销促进农产品销售

（一）发布农产品信息，促进农产品销售

对于广大农户来说，在社交媒体中不仅可以展示出自己的农产品，同时也可以展示出

农产品的关键种植或者养殖过程，利用图片或者视频分享自己的工作状态，比如说江浙一带的茶叶销售，可以把采摘、晾晒、加工、包装等过程放在社交媒体营销的平台；新疆的瓜果如何利用气候优势实现糖分的储存以及如何利用滴灌技术种植，这样会让消费者对农产品更有购买欲，争取消费者的信任。不论是动物养殖还是果蔬的种植，加工成农产品并且实现销售都需要时间，并且农业的发展会受到季节、气候等自然环境的影响，部分消费者对整个制作过程不够了解。因此，可以向消费者发布相关的信息，比如利用文字或者图片的形式把农产品生产过程推送给消费者，可以展示出种植的环境、果蔬如何实现绿色种植、如何进行病虫害防治等；禽畜养殖也可以展示出如何进行科学的喂养和管理，宣传绿色养殖思想，通过该方法就会让消费者产生经历农产品生产过程的感觉，有利于提升下单量。在利用农产品社交媒体的过程中，需要细心经营，加强品牌建设，深入挖掘产品的传统文化特征，定期更新内容，加强和商家、消费者的交流，找到迎合消费者心理的销售策略。

（二）与顾客加强互动，增加参与度

在跨境电商销售中，关键在于提升农产品社交平台的关注度，刺激消费者进行消费，在消费者有购买需求后，会向管理平台的农户提出一些问题，比如质量如何保证，具体付款方法，农户在发现提出问题后需要及时在社交媒体上回复，尤其是对于国外的消费者来说更加需要做到详细的解答，提供更加周到的服务，这样才有利于消费者对高质量产品进行宣传，扩大消费群体。同时，在社交媒体销售过程中，会体现出浏览情况、下单情况、客户评价等情况，农户可以根据活跃情况分析顾客的消费需求，比如购物喜好、组合方式、购物数量、大众口味等，这样也有利于精准销售。当然，也可以定期推出优惠活动，让顾客更有消费者的动力。让消费者来到种植区或者养殖场地也是进行产品销售的方法，比如可以让消费者在水果成熟的季节亲自采摘，就会有效提升顾客的参与度，这些活动画面加入社交平台中同样可以起到很好的宣传作用。此外，要鼓励顾客分享到自己的微博或者朋友圈中，这种宣传方法会起到更加明显的效果。农户还可以通过社交媒体分享商业方法以及经营的点滴，向消费者宣传有机农业的发展，绿色环保产品对人们健康带来的影响，让消费者意识到自己关注的不仅仅是农产品平台，同时也是一个关系饮食健康的平台，以此提升消费者的认同感和品牌忠诚度。

综上所述，社交媒体营销是一种全新的营销模式，对于农产品的营销来说，可以极大地促进销售量，提升市场份额。不过目前看来，在社交媒体营销中存在一些问题，比如说部分农户的文化水平不够、不能熟练利用社交媒体。还有很多的农户缺乏"互联网+"思维，在我国农业跨境电商发展形势大好的环境下，政府需要发挥出作用，积极向广大农户宣传电商经营思想，提供人才及政策支持。

第五章 跨境电商网络营销的创新研究

第一节 跨境电商营销模式的探究

随着我国经济和科技的不断发展，跨境电商也有了日新月异的变化。与此同时，在贸易政策的支持和移动互联网络的推进下，跨境电商贸易的销售额正在逐年增加，在我国外贸总额中的占比也越来越大。因此，新型消费市场的形成对于跨境电商而言，既是机遇也是挑战。不仅要保证电商产业的正常运作，同时也要不断更新和优化电商产业的营销模式，从而推动电商产业的稳定发展。但就目前跨境电商的发展情况而言，还存在着诸多问题，基于此，本节以当前跨境电商市场发展现状为切入口，阐述了跨境电商在当前社会经济背景下对营销模式的创新策略。

就我国跨境电商的发展历史来看，主要经历了从传统大宗贸易出口延伸到小额批发零售最后到现如今的品牌直销、平台自营等方式三个阶段的发展历程。最早的跨境电商的代表有环球资源网、阿里巴巴国际站等，在传统的大宗贸易出口模式中，主要是将买家和卖家相联系起来，在贸易网站发布相关的信息后进行合约签订，而后进入国际贸易操作模式。随着我国跨境电商的不断发展，小额批发贸易的开始是在 2004 年之后，开启了中小买卖的新篇章，主要以敦煌网为代表。敦煌网在新型营销模式中，不仅取消了传统的平台年费，同时也增加了物流服务和支付功能，从而迅速地扩大了跨境电商的平台推广。近年来，信息技术水平的不断提升，跨境电商的营销模式也不断增加。为了能够更好地满足消费者的需要，我国跨境电商符合我国国情，立足于跨境市场实际等基本内容下，实行了跨境电商运营模式的转变和改革策略，来建立新的商业模块。

一、当前跨境电商营销市场趋势

目前市场经济的发展和信息时代的到来都对跨境电商的发展带来了很大的冲击。相较于传统的实体营销模式而言，电商营销很大程度上打破了时间和空间的限制，因此，电商营销也被称为"无障碍营销模式"。但就目前跨境电商的营销模式而言，仍然具有诸多问题存在：

（一）跨境电商营销性质的转变

跨境电商的营销模式相较于传统实体营销模式本身就是质的转变。但由于当前电商营销模式的飞速发展，导致电商市场环境较乱、缺乏标准的行业规则。在兴起的短视频 APP 中，存在大部分用户存在私自售卖自家产品的问题，这些产品一方面是未通过标准的产品合格检测程序；另一方面，由于本身的标价较为随意，容易打破产品的市场秩序。除此之外，在订单数大于存货量时，更容易产生经营风险，造成不必要的社会损失。就当前跨境电商的营销模式而言，由于社会发展潮流的带动，在新兴产品成为爆款的同时，价格上涨、假货泛滥成为当前电商产业的主要问题，在造成市场秩序混乱的同时，还会导致商品在市场中的价格差异较大，是消费者权益受到侵害。目前我国电商行业发展市场仍然不够完善，不能够很好的建立良好的市场规则和市场标准。企业缺乏相关的营销人才，从而陷入商品同质化的危机中。但是随着市场经济的发展，消费者的需要和要求不断提高，电商产业的发展并没有趋向个性化发展，这是当前电商产业发展中最主要的问题。

（二）跨境电商营销模式的转变

营销模式一直是各个电商在寻求发展的过程中最为注意的，也是最重要的。但在目前的电商营销模式中，仍然采用传统的竞争时候手段为主要的营销手段。首先，是在价格方面：一方面，随着电商产业的不断发展，不应该只单独依靠利润来获取利润。另一方面，由于当前跨境电商的发展模式具有一定的局限性，虽然在很大程度上打破了时间和空间上的限定，但是，就利润方面而言，仍然不甚客观；其次是对市场的趋利避害，也就是商品同质化严重，在当今信息飞速发展的时刻，哪款商品在某一时间出现爆品，就会吸引大部分厂家进行批量销售与制作，以此来谋取较多的利润。这样的营销方式，不仅影响了该商品原厂家的发展，同时也失去了商家自身的发展优势与市场优点。近年来，市场同质化主要体现在美妆，母婴和服装等产品上，导致其他产品的销售和销量都有一定的限制，导致大量跨境用户的流失。因此，在新的营销模式中，需要着重注意消费者的个性选择，强调电商发展之间的差异性，突出自身的市场优点，从而保证电商产业始终呈良性化发展状态。

二、跨境电商营销模式新途径

上文中我们探讨了电商发展过程中较为突出的问题，相较于国内电商的发展，跨境电商发展的营销模式更要注重国际之间的贸易规则，保证电商产业的安全有效。因此，跨境电商产业需要结合当前市场经济发展实际，打开跨境营销新模式、新渠道，做到全面综合的发展电商产业。

（一）更新营销理念，培养创新意识

如何打造更为优质高效的电商市场营销模式是当前电商产业寻求发展中的核心问题。

更新电商产业的营销理念，最大限度地提高信息技术所带来的发展效益，是电商产业提高利润的主要手段。一方面，电商产业要摒弃传统的价格营销模式，保证产品在市场价格中的浮动范围之内，拒绝电商产业的同质化和"一窝蜂"的批量生产。另一方面，需要根据当前人们消费需求和消费水平的提升，定制个性化的营销物品，从而提高自身的知名度，扩大企业自身的市场优点；其次，加强差异化服务，为不同的消费人群提供不同的消费平台，建立不同的服务体系，也就是我们常说的"私人订制"，从而更好地提升客户满意度，以此来提高品牌的口碑，从而切实提高自身的经济效益，促进跨境电商的发展；最后是支付手段的更新与优化，打破传统的钱货两清的交易模式，转而利用三支决策理论所建立的新型支付模式，保证顾客的财产安全与交易的完整性更能够受到客户的肯定，从而提高消费者的消费体验。

（二）更新销售平台

信息技术发展的意义在于，缩短了人与人之间的距离，打破了时间和空间的限制。同样，电商平台也需要借着信息技术的东风，打破购物平台中时间和空间的限制，将所有可能需要的物品都展现在统一平台上。一方面，信息技术在电商平台上的应用，能够有效扩大客户范围，增加客户数量，保证电商平台的曝光率。通过信息传播的及时性、有效性和沟通性，改变人们传统的消费思想，与此同时，可以通过较大的活动力度来刺激人们的消费需求，从而不断提高电商产业的经济效益；另一方面，信息技术的使用能够在很大程度上对人们日常生活需要和购买目标，购买欲望做出详细的统计，能够更好地促使电商平台按照消费者的需要去推送相关物品的信息。通过大数据的统计，对于销量和质量过硬的商家给予奖励，在一定程度上保证电商厂家的质量。

其次是平台交流沟通上，人们对相同物品所做的评价和反馈能够很好地帮助到其他消费者了解相关信息，同时也有利于帮助电商品台对违规产品和质量较差的店铺进行整改与封停，从而切实的维护消费者利益。

最后是通过对手机移动APP的使用，能够充分利用消费者的碎片时间，例如在等地铁、公交和休闲等时刻，及时地进行相关信息的推送，从而提高电商的活跃程度。与此同时，在特定的节假日制定相关的促销活动，大量吸引消费者，不仅能够有效地提高电商知名度，还能够建立长期电商企业的营销关系，从而保证电商产业始终平稳的运作。

随着市场经济与科技的发展，和当前政策支持之下，跨境电商产业也迎来新的发展阶段。打破传统的营销模式和营销手段，新一阶段的跨境电商势必会带来更为有效和高速的销售方式。从而促进相关跨境电商政策和运营体系的成熟与完善，在支付与监管等方面，都会出现更为完美的解决方案。与此同时，跨境电商产业的发展还能够有效地推动我国物流产业的发展。未来的跨境电商产业要紧跟时代的发展与市场的需求，借助信息技术和互联网技术，转变跨境电商的营销模式，建立智能物流体系与智能交易体系，进一步发展创新，使我国跨境电商贸易产业的发展能够再上一个新的台阶。

第二节　电子商务时代跨境电商市场营销

在电子商务的支持下，人们借助网络将进出口产品通过跨境物流送到消费者手中。本节在阐述跨境电商发展现状的基础上，结合当前跨境电商市场营销发展存在的问题，就如何更好地优化跨境电商市场营销发展进行探究。

从 2014 年以来，我国电子商务发展始终处于一种稳步前进的发展态势，且伴随我国社会经济的发展，电子商务逐渐从每年 1.3 万亿美元的销售总额提升到了 2018 年的 2.85 万亿美元，2019 年年底，全球电商销售额将达到 3.5 万亿美元。与此同时，线下的实体店纷纷结合互联网，将自己的产品从线下发展到线上，在网络力量的带动下各个企业开始通过升级产品来提升产品的市场竞争力。越来越多的消费者会在国外的网站上寻找和购买商品，这与经济全球化的发展和电商趋势的扩大是密不可分的。因此，抓住经济全球化的发展和电商的趋势才能够让企业实现更长远的发展。

一、跨境电商发展现状

跨境电子商务（以下简称跨境电商）是指分属不同关境的交易主体，通过电子商务平台达成交易、进行支付结算，并通过跨境物流送达商品、完成交易的一种国际商业活动。在新的历史时期，跨境电子商务发展体现出以下几个方面的特点：

全球性。在网络快速发展的今天，电子商务活动摆脱了以往空间和时间上的限制，同时，在网络快速发展的同时企业能够富有效率地利用网络技术来开展多层次的跨国贸易交流。另外，在电子商务平台的影响下消费者的购买还能够摆脱国界对购买的限制，在节省时间和精力的情况下能够购买到自己所需要的产品。

多边化。在以往的贸易中，国际之间的商务行为往往牵扯到两个国家地区之间的双边贸易，在这个过程中往往需要解决较多的贸易经济问题。在跨境电子商务平台的支持下电商平台能够将交易活动中的物流、资金等信息从双边的传递模式转变为多边的传递模式，通过这种转变能够在传统贸易基础上促进贸易的市场化、网络化发展。

无形化。贸易双方所签订的合同和订单等都需要通过书面的形式来展现，是一种有形的贸易交易行为；而在跨国电商贸易模式下，受互联网技术的发展支持，贸易交易往往通过网络来完成，交易双方都规避了比较烦琐的业务交流模式，通过这种无纸化的形式更好地推动了交易行为的发生。在电子商务平台上，交易双方可以通过电子邮件或者电商平台来交流商品信息，在这个过程中节省了产品的交易成本，提高了信息的传递速度。

时效性。交流之后交易双方的信息发送、信息交流等深受地理空间的限制，产品交易的时效性较差。在国家贸易交流，产品交流时效性差就无法将产品的实时性更新问题传递给产品的买家，且在汇率变化的影响下，会使得交易一方出现比较严重的经济损失。在电子商务平台的支持下产品交易双方在交流的时候能够突破以往时间和空间的限制，实现彼此的沟通性交流，由此增强了国际贸易交流的时效性。

二、跨境电商对传统国际贸易营销发展产生的影响

产品从一个国家、地区再到另外一个国家、地区往往需要经过多个环节的处理，包含寻找积极的客户、签订双方合作协议、产品设计生产、产品运输管理等流程。运输的货物在进入进口海关之后经历多重分销，最终到达消费者的手中。从实际电商流通情况来看，这一系列的操作过程不仅在无形中消耗了较多的交易成本，影响了交易成功率，而且在具体交易的过程中也无法确保贸易行为的准确性和时效性，在无形中加大了经济损失。

在现代信息技术的快速发展下电子商务深入人们生产生活的各个方面，比如在国际贸易交流方面通过电子商务合作则是能够在真正意义上开展跨境电子商务，借助互联网平台来交流相关信息，将有关信息精准的传递到客户手中，无形中节省了信息交流传递的成本消耗，使得商品的营销生产能够获得更多的经济利益；在市场营销发展方面，跨国电商在发展的过程中一方面能够摆脱传统国际贸易营销在空间上的限制，也由此减少了贸易壁垒和贸易保护主义对产品市场营销的干扰。在跨境电商的发展支持下一些跨国大型贸易企业能够适当地减少其在海外从事产品经营发展的机构，保存产品的仓储功能。另外，还能够满足跨境电商在新时期的贸易发展需求，让企业能够根据社会发展需要来转变自己的盈利发展模式。

三、电子商务时代跨境电商市场营销发展所面临的问题

跨境电商服务质量制约电商网络营销效果。在电子商务发展的背景下消费者和卖家能够通过网络进行沟通交流，在这个过程中卖家的服务质量和说话方式等深刻影响网络营销的效果，如果商家的服务质量没有达到消费者的满意将会使得产品的销量降低。在电子商务发展的过程中，物流服务管理也是网络交易的重要环节，而在物流速度较慢的情况下会使得一些消费者对电商产生不满的心理，由此不利于产品的销售。

跨境电商经营方式不合理。为了能够实现企业的长远经营发展，在企业具体的经营发展中要求企业能够做到诚信经营。但是受社会主义市场经济发展的影响，多个企业在进行产品营销的过程中一味追求经济利益，舍弃了诚信经营的发展理念，加上电子商务经营本来就是在虚拟平台上开展的，受网络信息混杂的影响商家很容易出现一些不恰当竞争或者虚报信息的欺骗行为，严重限制了企业的长远、稳定发展。

电子商务经营深受网络信息的威胁。电子商务的实现一般需要依托计算机系统，因而计算机系统信息的不完全和不真实等严重干扰了电子商务的发展。卖家的竞争对手会借助网站平台来发布一些恶意攻击商家的行为，比如在消费者购买商品之前都会查看之前的评

论，卖家的对手就会借助网络系统在上面发布一些恶意攻击的消息，从而降低了企业的产品销量。

电子商务营销物流体系不完善。物流体系的打造是确保各项电子交易顺利进行的重要保证，跨境电商的营销基础在于供应链的配合上。和传统国际贸易形式相比，跨境电商在发展的过程中体现出频度高、数量小的总体特点，在这样的特点影响下传统的海洋运输不适合跨境电商的经营发展，跨境电商的长远发展对物流价格、物流速度等提出了更高的要求。

当前，国际上应用最多的物流方式包含 DHL 和 UPS，但是在具体实施操作的过程中受运输费用的影响，这两种物流运输方式没有得到推广，我国的物流贸易发展也不例外，突出表现为物流基层设施建设不够完善，在运输、存储、通关等方面普遍落后于西方先进国家，物流贸易在海外网点的覆盖率较大，由此导致电子商务贸易效果不理想。

电子营销通关流程和海关监督缺乏。跨境电商贸易发展过程中所面临的一个大问题是通关，加上跨国电商种类繁多、数量较小的影响，在无形中加大了海关部门的工作强度和工作难度，在产品流通的过程中时常会遇到一些海关问题。在这样的发展形势下，以往的大批货物监督管理方式等已经不再能够满足跨境电商对商品过关的需求，也使得消费者在使用跨境电商交易的时候不得不思考期间产生的一系列费用支出。

当前我国跨境电商货物流通方式主要以小件的发放为主，各个小件的通过需要经过各个物流公司的检查，流程烦琐，很容易出现因为物流公司监督管理不当所引发的产品流通问题。

外汇管理和跨境支付不完善。支付操作也是消费者在跨境电商平台上所需要进行的行为，在跨境电商的经营发展过程中如果出现了账号保密不到位、资金支付不顺畅的问题就会在很大程度上影响电商平台的形象，使得消费者对跨境电商平台的发展失去信心。和传统电商形式相比，跨境电商的支付时间不同，消费者需要在接收到实际物品之前就完成一系列的付款，在这一过程中消费者往往会担心资金周转安全问题，在某种程度上也制约了跨境电商的发展。

四、影响跨境电商发展的因素分析

在经济全球化背景和跨境电商可持续发展的影响下，跨境电子商务网站运行发展体现出越来越多的生活和商务用途。在电子商务网站运行的过程中网络信息是否全面、信息内容是否真实、信息传递速度等因素都对网站信息的有效性和及时性产生影响。同时，在电子商务平台的支持下产品生产者和产品接收者之间的距离被拉近，产品的供应商能够通过对产品使用的定位跟踪、网评信息访问跟踪来更为全面地获取用户信息，使客户的需求和满意度进一步提升。

优势分析：国内平台优势。近几年，我国第三方跨境电子商务平台发展快速，在平台的支持下跨境电商企业发展日趋成熟。跨境电商经营主体包含自己建设经营的出口企业为出口企业提供交易服务的电商平台、利用第三方跨境平台发展的电子商务出口企业。这几个电子商务经营主体发展都需要依托电商平台。

劣势分析：

跨境贸易服务落后。跨境交易涉及跨境支付和跨境物流，当前我国出口企业大多依靠第三方平台进行贷款和货运，但是在实际发展中贸易服务的落后在某种程度上制约了跨境电商的发展。

企业品牌意识落后。我国制造商大多是通过价格低廉的产品来吸引消费者，产品同质化现象严重。在国际舞台上受我国品牌意识落后的影响，所生产出的产品竞争力较弱。

机会分析：

我国经济不断发展。在经济的快速发展下人们的购物需求逐渐得到了满足，由此为跨境电子商务的发展提供了新的契机。据前瞻产业研究院发布的《中国跨境电商产业园发展模式与产业整体规划研究报告》统计数据显示，2018年年底我国经常进行跨境网购用户规模约8800万人。

中国政策的支持。在跨境电商如火如荼发展的过程中，政府部门也出台了一系列政策支持跨境电商的发展，比如2018年7月，国家新增22家跨境电商综试区城市，政策覆盖面进一步扩大；2018年11月习近平总书记也在会议上宣布要进一步降低关税，促进跨境电商新业态模式发展的主张；2019年李克强总理提出要在以往的基础上进一步完善跨境电商等新业态扶持发展。这一系列的政策规定和要求使得我国对外开放的步伐加大，跨境电商也开始进入新的快速发展时期。

国际经济联系的紧密。跨境电商需要跨国发展，如果不同国家地区存在一个统一的大市场，市场也会不断扩大，伴随的成本的风险也会增加。中国是缩短各个国家贸易交易成本的重要枢纽，因而在我国成为世界经济组织之后，贸易发展拥有了更进一步得天独厚的优势，特别是东亚国家的地缘关系和经济合作使得国际物流贸易发展获得更多机会。

威胁分析：

海外服务企业的竞争。Paypal作为全球最大的在线支付公司在第三方支付结构中占据较大优势，支持全球多个地区货币贸易，但是在国际物流方面国际快递一般由国外大公司垄断，无形中加重了消费者的购买风险。

海外生产企业竞争。跨境电商使得消费者的采购半径增加，开始从国外低价购买货物，使得国内一些信任度较低的行业发展面临挑战。

五、电子商务时代跨境电商市场营销的新途径

提升跨境电商的服务质量。从产品生产销售实际情况来看，不管是线上经营还是线下经营，都需要将提升产品服务质量作为提高产品销量的重要保障。在高品质的产品服务质

量策略中产品生产者需要调动一切积极因素来全面地了解消费者对产品的需求，根据消费者对产品的需求来为其提供适合的产品。在调查消费者对产品销售意愿的时候需要做好一系列信息保密工作，确保消费者的个人意愿和调查信息不被泄露。另外，在消费者购买产品之后商家还需要对消费者购买产品后对产品的使用情况开展必要的回访调查研究，从而及时发现产品市场营销过程中可能面临的问题，及时完善。考虑到跨境电商和国内电商发展任务的不同，在对外贸易物流发展方面跨境电商需要采取措施控制物流速度，积极和商家配合来进行商品的更新和调整，并在这个过程中确保消费者资料信息得到保护。

强化电子商务市场营销的诚信理念。在新的历史时期为了能够更好地促进长远、可持续发展，企业在发展的过程中需要将诚信经营理念作为企业发展的重要基础力量，并对企业在过程中所面临的一系列问题进行监督和管理。为了能够在电子商务时代提升跨境电商市场营销竞争力，企业还需要强化对市场营销人员的培养力度，严格把关产品生产销售的各个环节。另外，在跨境电商背景下的电子商务营销还需要企业做到赏罚分明，在工作中对不遵守诚信的工作人员予以相应的惩处，并对其进行必要的思想教育；同时对在工作中表现优秀的员工要予以相应的鼓励，从而更好地调动员工工作积极性。

明确企业员工分工，减少网络系统对电商发展的威胁。基于跨境电商的电子商务营销管理需要充分完善企业员工的工作职能和工作任务，完善电子商务在社会主义市场营销体系中的地位，为每一项产品的销售管理都提供明确的规范条例，并要求员工遵守各项规定。在跨境电商发展的过程中需要打造科学完善的市场营销监督管理部门，由市场营销监督管理部门来负责监督管理销售情况，并对散播虚假信息的行为进行严肃化处理。

建立健全完善的物流关系体系。物流体系是确保跨境电商实现长远、稳定交易的重要内容，因此，在新的历史时期为了能够更好地促进促进跨境电商优化发展需要结合市场发展情况来优化跨境电商的营销策略，在物流发展的过程中打造完善的物流管理体系。

首先，借助电子商务平台来整合现阶段的物流资源信息，实现对各类信息的规模化利用；其次，强化海外外流网点的优化布局。在当前国际电商发展形势下，可以通过增强我国在海外市场发展独立性来降低我国的物流成本；最后，在物流体系打造的过程中需要打造独立的海外存储仓库，通过海外存储仓库的打造缩短跨境电商贸易交易周期，节省企业的物流成本。

完善通关制度。在跨境电商发展的过程中除了物流系统外，海关也是影响跨境电商发展的重要因素之一。为此，在跨境电商发展的过程中可以通过优化过关程序来提升产品过关效率，将通关方式从以往的纸质通关转变为无纸通过方式发展转变。另外，跨境电商在发展的过程中需要根据现代化的科学技术在海关流通上实施无纸化的审核方式，从而增强海关产品审核的安全性和准确性。

强化对支付和汇率的管理。在汇率管理方面企业需要密切关注国家和国家之间的政策调整以及汇率变化，根据国际上的汇率变化来打造科学完善的汇率风险防控管理体系。比如因为英镑暴跌所导致的产品出口价格大幅度波动会影响跨境电商的发展。由此可见，在新的历史时期为了能够更好地促进企业健康、稳定发展，在发展跨境电商的时候需要密切关注国际上的时政发展变化，充分了解国际的汇率变化，从而在最大限度上避免企业的发展损失。

综上所述，在社会经济和科技的快速发展下，人类社会进入电子商务时代，基于电子商务的跨境电商得到了快速的发展，在优化国际贸易形式、提高我国国民生产总值等方面显示出良好的优势，但是受网络信息多样的影响，电子商务时代跨境电商市场营销也开始面临更多的挑战和冲击。为此，结合跨境电商发展趋势需要相关人员积极探索思考一种有效的产品市场营销策略。

第三节　跨境电商越南市场 SNS 营销

越南的电子商务发展在过去的几年中得到突飞猛进的发展，由于越南政府实行的宽松政策及移动互联网飞速发展，越南电商市场正在快速增长。越南人口构成高度年轻化，特别喜欢通过社交网络进行购物，针对越南消费者这一特点，跨境电商卖家对越南市场进行 SNS 营销研究显得尤为重要。

根据研究调查公司 WeAreSocial 最新调研报告显示 2018 年越南总人口达 9700 万人，其中互联网活跃用户达到 6400 万人，占总人口的 66%，活跃社交媒体用户达 6200 万人，占总人口的 64%，智能手机渗透率达 72%。越南的电子商务发展在过去的几年中得到了突飞猛进的发展，由于与中国接壤，越南市场逐渐成为中国跨境电商卖家的首选之地，得力于越南政府实行的宽松政策以及移动互联网的飞速发展，越南电商市场正在快速增长。由于当前中国工厂劳动力成本的提高以及相关的政策原因，相当一批中国工厂迁移到了越南，但是由于无法完成整个产业链的迁移，目前很多原材料及配件还需要从中国采购及发货，迁移过去的中国工厂目前在越南正在大批招募当地工人，当地工人的薪资会得到进一步提升，随之而来是会快速带动越南消费水平的提升。随着中国"一带一路"政策在东南亚国家的推进，越南跨境电商的发展迎来了历史性的机遇。因此，越南电商市场大有可为，在此背景下研究跨境电商面向越南市场的 SNS 营销研究也就显得尤为重要。

一、SNS 营销及其对跨境电商越南市场开拓的作用

SNS 营销的概念及优势。SNS 是社交网络服务的全称，SNS 营销指的是利用各类社交平台如 Facebook、Twitter、Instagram 等进行企业及个人的品牌推广、产品宣传及各类营销活动。随着互联网的高速发展，社交网络和移动社交网络在全球迅速发展起来，这是一种构建在人与人关系基础上的新型网络交流平台，人们参与社交网络的主要目的在于可以随时随地在平台上交流各类信息并与朋友进行互动，了解最新最热的新闻和个人感兴趣

的内容。

跨境电商中 SNS 营销是指卖家利用各类社交网络平台，对产品进行推广并负责产品的售前及售后服务的沟通。SNS 营销在跨境电商中有以下几点优势：①在跨境电商中不论是自然搜索带来的流量还是从其他平台进行的引流，流量能最大限度地为卖家带来顾客，SNS 营销可以实现目标客户的精准营销，起到引流的目的；②跨境电商卖家可以通过 SNS 营销按照客户的购买及浏览习惯精确推送产品，并在社交平台上进行产品及企业的形象塑造，比传统的网络广告带来的效果要更精准，同时还能节约大笔的广告费用支出；③跨境电商卖家可以通过 SNS 营销增加客户的黏度，由于 SNS 的营销方式以人与人的关系出发，所以可以有效地开展维护老客户，开发新客户的模式，有相同兴趣爱好的客户可以集中在一个分组里互相交流购买信息和购买后的用户体验，这种自发形成并在社交网络平台记录下来的内容往往比商家的广告更有说服力，并影响新用户的购买行为，进而带动消费行为。

SNS 营销对跨境电商越南市场的作用。SNS 营销对跨境电商越南市场的推广能起到积极的作用。首先，它可以提高产品的购买率。SNS 营销可以针对社交网络平台中的用户组群进行精准推送产品达到宣传的效果，由于这类用户本身就是对产品有兴趣或者是关注浏览过的，精准推送可以有效地促进消费者完成购买；其次，SNS 营销可以提高品牌的知名度和信任度。由于历史等原因，越南消费者对中国产品接受程度不高，但对中国的电子产品尤其是智能手机类产品有较高的接受度，如何充分利用 SNS 营销使得越南消费者消除对中国产品的偏见，建立亲和度是一件很重要的事情，跨境电商卖家可以通过越南的各类社交网络平台让越南的消费者了解产品的相关信息，并进行宣传能够有效地提高企业的知名度并加深产品在消费者心中的信任度；最后，SNS 营销能够促进客户重复购买率。越南社交网络平台是越南人了解品牌产品及促销活动的主要来源，越南消费者通常采用智能手机登录各类社交平台，大部分的用户通过社交网络平台接收自己喜爱的品牌推送的各类活动信息及新产品的更新，近一半的消费者习惯使用"聊天"来咨询产品及服务。当越南的消费者对跨境电商的企业品牌有充分的认知度和信任度后，他们会重复购买此产品，并推荐给周围的朋友促进产品的重复购买率，提升对产品的忠诚度。

二、SNS 营销对越南消费者的影响案例分析

在越南手机用户达到了 1.433 亿元，是人口总数的 148%，这就意味着越来越多的越南人习惯使用手机上网登录社交媒体平台，根据大数据分析，越南消费者十分热爱社交平台，更喜欢价廉物美的产品，普通的消费者在网上购物更偏向口碑推荐来购买产品。

对越南消费者的心理影响。曾经越南普通民众只能通过传统的电视节目及书籍等来了解中国，接收到的信息是不完善的，对中国也有一定的偏见，但是随着互联网的普及和近两年各类社交网络平台的推广，越南人民可以通过多种途径了解真实的中国，国际版抖音Tik Tok 在越南的 Google Play 和 App Store 中下载量都位列前茅，通过抖音越南人民更容

易直观的了解中国及中国的发展，也将中国传统文化"出口"到海外，不仅让越南人民看到了中国的飞速发展和丰富多彩的中国文化，也能够有效的树立起中国产品的形象，更有利于消除越南人民对中国产品的偏见。抖音通过数据分析能够给用户精准推送个人喜爱的短视频，2018 年 Tik Tok 在越南的网站月访问量增长了 80%，2019 年 Tik Tok 通过本地化营销使得越南活跃用户超过 1200 万，抖音如今利用短视频积累了大量的越南社交网络用户，并利用自己对当地消费者购物行为的的了解精准的推送产品，取得了一定的平台优势，这就是利用 SNS 营销对越南本地消费者产生的心理影响。

对越南消费者的行为影响。东南亚国家通常最受欢迎的电商平台为 Lazada，只有在越南目前最受欢迎的电商平台是隶属腾讯系的 Shopee，2018 年的"双十一"天猫全球购物狂欢节，Shopee 针对越南市场的用户推出了几款互动游戏，并在 Facebook 及越南本土的社交软件 Zalo 上提前做广告及预热，并推出由越南大牌流行歌手主持的电视节目宣传 Shopee 及促销活动，吸引了众多越南消费者的眼球，平台依靠明星的影响力带动了消费者的兴趣，通过此次促销活动使越南消费者对"双十一"天猫全球狂欢节产生了兴趣，并依靠越南用户在社交媒体平台的点击量、转发量及播放量等反映出 Shopee 的广告效应。如今在越南仍有大量的消费者因为对电商的不信任导致购物频率较低、花费较少，自 2016 年进入越南市场以来 Shopee 一直致力于解决越南消费者对电商的"信任问题"，推出了"Shopee Guarantee"来显示店铺评级，客服响应度及消费者购买后评论等帮助消费者在购物之前充分了解情况，并通过 Facebook、Zalo 等社交媒体平台进行精准推送及宣传，因此积累了大量的客户，并通过良好的口碑增加了用户的黏性。

三、跨境电商越南 SNS 营销发展分析

2018 年越南电商市场增长迅猛，谷歌及淡马锡都对越南电商市场有乐观的预测（到 2025 年，越南电商市场将增长 43%），但是我们也要看到越南电商市场存在着客单单价不高、对中国产品有偏见、对现金支付的偏好及落后的物流设施等问题，这对中国跨境电商卖家提出很大的挑战，如何更好地利用 SNS 营销顺利进入越南市场是研究的重点。

充分利用各类社交网络平台完成跨境电商产品的交易。目前，越南市场三大社交媒体应用为 Facebook、Zalo、Ins，且 Facebook 是越南最常用的社交媒体平台，根据越南当地媒体报道，2018 年每天有约 4200 万人登录 Facebooke，占全国人口总数的一半，越南用户对社交网络的使用程度非常高，每天花费数小时在 Facebooke 上进行日常社交及购物活动，跨境电商卖家应充分利用越南消费者的购物习惯，开设 Facebook 账号，把产品放到主页上进行宣传并找到产品的细分类目组，建立产品的组群，对组群成员进行品牌和产品的精准推送，使消费者对产品产生兴趣，特别要注重树立品牌意识。除了关注 Lazada、Shopee 等第三方跨境电商平台也要看到越南本土的电子商务企业如 Tiki、Thegioididong、Sendo 等的崛起，特别是 Tiki 是纯越南本土电商平台，在越南消费者心目中拥有良好的口

碑，2018 年 Tiki 正式推出"Tiki Global"跨境电商订购服务，在越南所有的电子商务平台中，Tiki 的退货率最低、客户满意度最高。跨境电商卖家想做好越南市场必须要设定 SNS 营销目标并使用各类 SNS 营销工具进行引流，进行准确的数据监控，包括 SNS 营销的产品传化率都要定期进行评估，以便对自己的产品及营销计划做出优化和调整。

SNS 营销中要注重加强与 KOL 的合作。KOL 即关键意见领袖，这类人通常被定义为拥有更多、更准确的产品信息，并能被相关群体所接受或信任，并对该群体的购买行为有较大影响力的人，简单来说有以下特点：有粉丝群体并能影响粉丝行为。越南消费者为什么更愿意基于社交网络平台上购物，很大的程度在于越南消费者对上网购物的不信任心理，怕买到假货、货不对板等，特别是选择购买中高端产品时，大多数越南消费者认为朋友或是亲戚以及她们认同的 KOL 的推荐意见极为重要，跨境电商产品主要通过图片、视频及文字的形式进行展示，相对具有局限性，但是普通消费者对产品自发产生的反馈意见以及KOL 或是明星对产品的说服力远远超过传统媒体广告，因为前者具有强烈的人格化属性，用户在社交媒体平台上进行的互动沟通，更像是一种社交行为，这种社交行为能更贴近越南消费者，使得跨境电商的产品更具说服力。

虽然越南消费者互联网使用指数高，智能手机渗透率也很高，但是因为消费者对电子商务平台的信任度不够高，参与上网购物的用户数量仍然有限，但随着越南数字经济的快速增长会对越南社会经济生活产生重大影响，所以在未来越南政府仍然会大力扶持越南的数字经济的发展。越南的跨境电商市场前景广阔，社交网络销售额在不断增加，热度也在持续上涨，社交网络销售的潜力巨大。跨境电商卖家可以通过社交媒体及时了解越南消费者的需求，根据当地市场的具体情况制定产品投放策略，并根据目标市场人群的兴趣爱好进行精准的产品推送，在社交媒体平台上与越南消费者进行良好的售前、售后沟通，让消费者树立起对产品和品牌的忠诚度。

第四节　跨境电商发展下的国际市场营销课程

随着全球互联网的普及，高等教育也要进行网络化的改革，国际商务专业原有的国际市场营销课程需要与时俱进，与现代网络和跨境平台相结合，形成新的跨境网络营销课程，同时与之相关的内容和结构也要随之变化。本节就新形势下对国际市场营销的新内容进行分析和搭建，希望对国际市场营销课程的发展有所帮助。

一、跨境电商形势的发展状况

随着全球化趋势的增强，国际之间的物品流动越来越频繁，但是传统的对外贸易形势发生了巨大的变化，传统 B2B 模式的交易在不断萎缩，而依托电子商务平台形成的新型跨境电商模式发展迅速。2016年9月4～5日的杭州G20峰会的开展，也加速了我国跨境电商的发展，通过跨境电商的发展，正在搭建起一个自由流通，开放普惠的全球性贸易平台，在跨境电商趋势下，没有企业大小之分，只有产品精细与否、定位精准与否。从而为真正地实现中小企业自由卖全球、买全球的愿望。通过跨境电商真正实现企业全球连接、全球联动的效果。

而我国跨境电商发展势头强劲，首先政策层面的不断支持，使我国跨境电商在企业之间的快速接受。从2015年6月20号，国务院发放〔2015〕46号文《国务院办公厅关于促进跨境电子商务健康快速发展的指导意见》，应该是国务院发布的第一份完整的关于跨境电子商务的指导性文件，到2016年9月份G20峰会在浙江杭州召开，说明政府越来越重视跨境电商，跨境电商已经成为外贸发展的一个新业态；其次，从跨境电商交易额来说，跨境电商也表现不俗，2015年，在全球贸易增速放缓的大趋势下，中国跨境电商增速仍大幅高于货物贸易进出口总额，并且在整个外贸中电商渗透率在持续增长。据《2016中国跨境电商发展报告》指出，2015年中国跨境电商额为4.8万亿元，同比增长28%，占我国进出口的19.5%，增长势头强劲。预计今年，我国跨境电商交易额将达到12万亿元，将占比我国贸易额的37.6%。

在跨境电商领域中，跨境电商零售交易额增长更加迅速，据商务部统计数据表明，2015年，中国跨境电商零售交易额达到7512亿元，同比增长69%。其中跨境电商零售出口5031亿元，同比增长60%，跨境电商零售进口额2480亿元，同比增长92%。且预测2020年，我国跨境电商零售交易额将超过3.6万亿元，跨境电商零售业务发展势头迅猛。随着国际贸易业务形势的变化，国际商务活动的形式也必将发生变化，作为高等院校在培养国际商务人才的过程中，随着外贸形势的变化专业设置也发生着变化，而课程的名称和内容也必将发生变化，国际市场营销课程就是其中一门。

二、跨境电商发展的国际市场营销现状及特征分析

（一）国际市场采购碎片化，降低风险

近年来，全球经济低迷，2016年世界经济仍复苏乏力，发达国家经济体总需求持续不足，而新兴经济体经济增长乏力，预计2016年全球增长率仅为3.0%左右。在此经济形势下，企业采购谨慎，订单量变小，因此订单化整为零、化大为小，降低企业库存，减少资金压力和市场风险。据阿里巴巴国际站订单情况分析，2014年之后，出现较多数量为几千到几百件的订单，因此，采购订单碎片化趋势明显。

（二）国际市场环境网络化，消除时空差距

随着科学技术的快速发展，网络消费成为一个重要的消费途径。而以互联网为基础所形成的国际化贸易平台也在快速在全球发展，使国际贸易渠道下沉，形成供应商直接面对

消费者的短渠道，方便消费者的购买。而通过跨境贸易平台的使用，真正的形成了"地球村"的概念，缩短了时空差距。

（三）国际市场细分多样化，消费者个性化需求明显

由于互联网的普及，消费者通过网络购买越来越方便，但是由于不同消费者对于购买的情况不一样，原有的市场细分已经不能够满足新型市场的情况，国际市场细分更加多样化和精准化，消费者的购买需求也由原来的正常理性的购买，形成更多冲动性、突发性的购买需求，同时个性化需求明显，一些小众产品在网络市场上更容易进行定位和展示产品的特色，容易得到有特殊需求人群的认可。因此，在以互联网为基础的国际市场中，由于消费者个性化需求突出，企业在进行市场定位的过程中需要更加有特色，以满足小众人群的需求，甚至后期企业需要进行产品的个性化定制，来满足更加小众消费者的需求。

（四）国际市场渠道电商化，平台选择多样化

随着互联网的快速发展，跨境电商发展如火如荼。据统计全球现有25亿网民，因此，通过电商渠道进行国际市场开拓将势在必行，当前发展的跨境电商渠道主要有三种类型：第一类是企业自建跨境网站，这些企业有庞大的集团背景做后盾，通过在线零售方式将产品直接销售到全球终端销售者手中，如现在比较流行的兰亭集势、大龙网等；第二类是传统制造企业、通过大型跨境电商平台发布商品信息，寻找客户，通过这些大型网站进行大额或小额的批发业务，如外贸企业通过阿里巴巴国际站、环球资源网、以及中国制造等网站进行的国际贸易业务；第三类是中小企业通过第三方平台开设店铺，通过这些店铺以零售的方式将产品销售给全球各地的消费者，如当下比较流行的速卖通、亚马逊、Ebay 和Wish 平台等。

（五）国际市场营销活动侧重于社交媒体进行

虽然企业一直在强调自己的定位优势和产品特色，但是在海量产品的面前，还需要更多的推广才能够引来足够的流量和曝光量，才能够带来大量的订单。而在互联网趋势下，通过论坛、书签、SNS 等渠道来进行推广已经成为常规的推广方式，而针对从事跨境电商的外贸企业，更多地需要通过 Facebook、Twitter 这些社交媒体进行推广，而不管是常用的论坛、SNS，还是 Facebook、Twitter 等方式，都是为了进行产品的推广以及相关信息的收集。同时通过社交媒体的营销推广，还能够帮助企业改进产品，满足消费者更精准的需求。

三、基于跨境电商的国际市场营销课程框架构建

根据国际市场形势的新变化，国际市场营销课程在跨境电商趋势下也需要与时俱进，才能跟上时代的需求，新的跨境构建是在校企合作的基础上，经过深入探讨形成的。

（1）在市场分析中，融合了平台以及规则的分析，由于平台类型的不同，它们的受

众人群不同，如针对中小企业，主要通过价格优势来进行销售的情况，就首推速卖通平台，速卖通被称为"国际版的淘宝"，产品主要针对中低收入人群，该部分人群对价格敏感，但是不同的平台规则变化频繁，在进行跨境网络营销之前应该充分了解规则。

（2）在目标市场消费者行为分析中，针对跨境电商平台的特征，主要分析了消费者的视觉行为、心理价格和顾客忠诚度等方面，这些因素主要影响了消费者在进行网购时候的一系列行为。

（3）在产品策略中，跨境电商平台选品至关重要，直接影响企业店铺运行的成败。因此，选品的方法和技巧在跨境网络营销中是学习的重点和难点。而后期的新品开发主要是根据网购消费者的不同需求进行开发，如引导式的需求和满足式的需求不同，要根据满足不同形式的需求开发不同类型的产品进行市场的不断开拓。

（4）价格策略。网购消费者大多对价格非常敏感，因此在推广过程中，价格的设置技巧也是非常重要的一个环节，产品在店铺中所处的位置不同，推广时候所设定的价格不同，对消费者的吸引情况也不同，同时对店铺流量的贡献也是不同的，因此，价格策略在网络营销中地位非常重要。

（5）平台推广策略。由于网络营销的成功需要高的流量和曝光量，才会有订单转化，因此流量的来源就非常重要。在推广策略中，会引入流量推广的主流方式，同时不同的平台有不同的促销策略，不同的国家有不同的促销方法和不同的节日促销，在进行跨境网络营销的过程中，这些是需要掌握的。只有运用好了跨境电商平台的推广策略，才能在跨境网络营销中起到事半功倍的效果。

国际市场营销需要顺应潮流，随着时代的变化而变化，才能够不被社会所淘汰。在跨境电商发展的大趋势下，国际市场营销的课程内容需要与电商相结合，与平台相结合，才能够更加适应社会的需求。

第五节　KOL 营销下中小型跨境电商的体系与路径

随着"一带一路"倡议和电商发展逐渐世界化，国家不断出台政策大力支持中小型企业跨境电商的发展。近年来，新媒体在网络迅速发展，且成为当代社会的主流传播方式，其中 KOL 营销被定义为更加精确、更具有影响力且易被相关人群所接受的新媒体，对企业营销具有相当大的帮助。中小型跨境电商企业为了提高发展速度，不断寻求准确的新媒体营销方式方法。本节通过运用 KOL 营销的体系构建和路径研究，使得中小型跨境电商企业更加精确、更具有影响力、发展更迅速，对企业飞速发展具有重要意义。

一、中小型企业实现跨境电商的可行性

（一）国家大力支持中小型跨境电商企业的发展

2018 年以来，多部委先后出台政策，扩大享受跨境电商优惠政策的商品范围，提高单次交易限值和年度交易限值，今年 4 月 1 日起，大部分进口跨境电商商品税率下降为 9.1%。国家积极发展网络文化产业，鼓励扶持中小型企业跨境电商，鼓励自主研发数字内容、数字传播、扩大数字化群体，为企业社会化营销发展提供了供给和制度保障。

（二）跨境电商对我国中小型企业和社会的发展具有重大意义

跨境电商为我国中小型企业节省了产能问题，跨境电商的出现解决了由于中小企业中间环节产能过剩而导致产能浪费的危机，首先，中国外贸方式的转变造就了国际产业链的重塑，增加了就业人员的工作机会。企业在国际中竞争力的增加，也为中小型企业提供了发展之道。当前中国的跨境电商发展居于世界的前列，它的构建不仅带动了中国与其他国家间文化产品的相互交融和交流，并且打造了属于中国自己模式的新型平台、新型建设模型。由于中国大力发展跨境电商的举措使得世界各地都受到了一定影响，对中国经济的发展起到了至关重要的作用。企业之间的竞争力也大大增强，大力促进中国企业飞速发展；其次，对社会的影响力也相当大，跨境电商不仅促进了国家经济全球化的发展，还为不同国家、不同地区之间的贸易搭建了桥梁，实现了商品交易的可行性，加强了各国之间文化产品的相互融合；最后，传统的贸易方式逐步被境外的电商行业取代是由于新型的电商平台模式建立，高效、高利润才是当今社会所需求的贸易模式，我们需要顺应时代的发展，打破传统经营模式，运用新型平台使得中国未来的经济更加发达。由此可见，大力发展跨境电商对中国中小型企业有极大帮助并且对我国社会的发展也具有不可小觑的意义。

（三）中小型企业跨境电商借力 KOL 营销变现的重大意义

根据最新 QuestMobile 数据显示，中国移动互联网月度活跃数据规模触顶 11.4 亿，2019 年 Q2 用户规模单季度内下降近 200 万，在这样的流量穿顶下，中小型企业也在努力发现新的渠道，根据《QuestMobile 中国移动互联网 2019 半年大报告》的数据，短视频、MOBA、微博依然是最主要占据用户注意力的应用，并且凝聚了大量消费者注意力的社交平台以及平台上的内容，成为中小型电商企业的"采购"流量的必争之地。kola（key opinion leader 简称 KOL）是营销学上的概念，通常被定义为拥有更多更准确的产品信息且为相关群体所接受或信任，并对该群体的购买行为有较大影响力的人。中国商家的出海，通过传统渠道营销，过程很烦琐，没有很好的营销渠道和流量入口。但通过跨境 KOL 营销，消费者可以实现所见即所得。对于中小型企业来说，KOL 营销无疑是一个巨大流量的入口，也将成为高质量、高性价比产品接触消费者的一个极佳渠道。运营的目的无非是拉新、

促活和转化。KOL 营销具有很高的传播力与影响能力，可以持续创造出丰富的优质产物，具有高变现的价值。KOL 能帮助企业把东西更快地卖到全世界，同时也可以帮助中小型企业快速打造企业知名度，实现企业价值的增长，提高企业的工作效率，加速企业转型升级，拓展自身经营方式，增强企业竞争力。

（四）有效的路径体系为中小型企业跨境电商扩大发展提供了机会

从宏观上可以为电商企业营销能力的提升提供有效的路径体系，并且利于电商企业运用社会化媒体的方式方法成功营销（KOL 营销变现）；从微观上，中小型企业跨境电商可以参照本节给出的社会化媒体 KOL 营销方式方法加以改进，对应自身企业特点，调整公司营销策略，并且借鉴完善的路径体系，发现自身的问题加以改善，以促进企业发展，增强企业竞争力，实现企业价值的增长。

二、KOL 对促进中小型企业跨境电商发展的必要性

（一）从经济发展的角度分析

文化产业的大力发展带动了经济的发展，其中多种新媒体的发展形态改变了早期的文化产业，其中涉及文化的制作以及如何传播、社会化媒体营销的方式方法多样化。随着时代的进步，KOL 营销模式也为各个产业带来了极好的营销效果，极大地促进了整个经济产业的飞速发展。

（二）从文化发展的角度分析

在社会主义文化飞速发展的当今社会进程之中，传播正确的舆论、丰富群众的文化，传播文化需要充分运用新媒体方式，KOL 营销重点在于制定正确且积极的文化导向，丰富群众的文化精神，传播正面的文化内容。

（三）从新媒体营销的角度分析

可以运用社会化 KOL 营销提高中小型企业跨境电商的营销能力，更好地发挥 KOL 营销的优势。除此之外，在研究过程中为中小型跨境电商企业提出丰富的建议。KOL 可进行实时监测和数据分析，并且从媒体海量数据流中及时发掘与识别对客户最重要、最有价值及最相关的信息情报，助力企业及机构客户，提升品牌价值、优化传播与营销效果、强化声誉管理、发掘市场情报、防范商业风险、辅助战略决策，为企业品牌成长提供数据支撑。

三、中小型企业跨境电商 KOL 营销的研究条件

（一）信息技术大力发展为 KOL 营销提供了外在条件

随着信息化的飞速发展和移动技术的广泛运用，数字信息和娱乐大数据为社会化营销

KOL 提供了信息和数据的支持，社会化媒体信息数据平台实现了全球最大限度的资源共享。社会化媒体 KOL 营销是技术发展的创新成果，为中小型企业电子商务发展带来了无限的可能。

（二）政策支持为 KOL 营销发展提供了内在机会

作为营销观念的具体承载者，对于中小型企业跨境电商选择正确的 KOL 营销环境尤为重要，其中包括对于社会化营销媒介的选择和社会化营销的分类。只有正确分析企业需求，选择正确的营销模式构建体系，才可以发挥营销的最大效用。从中小企业发展现状来看，营销观念已经深入到企业的经营理念之中，贯穿、渗透到企业各个环节、各个部门，同时在业务运作中也在追求营销手段和方法的突破。

四、中小型企业跨境电商运用 KOL 营销的研究内容

（一）文献综述与现状研究

文献综述。主要对中小型企业跨境电商运用社会化 KOL 营销所构建的体系和路径进行研究：①社会化 KOL 营销理论包括：KOL 营销的模式、KOL 营销的特征、KOL 营销的影响；②社会化 KOL 营销理论基于交叉学科下对中小型企业跨境电商的体系构建；③社会化 KOL 营销理论基于不同时期对中小型企业跨境电商的路径研究。

现状研究。①梳理目前中小型跨境电商的发展情况，主要包括对中小型跨境电商目前种类、市场规模、收入增长率、扩展规模以及扩展率、市场占有率等情况。这些信息梳理将为中小型企业跨境电商准确定位，为选择合适的 KOL 营销模式提供基础性数据；②梳理目前市场上 KOL 营销的方式方法及其成效，主要包括目前社会化媒体 KOL 营销的模式、KOL 营销的特征和影响。这些信息将为企业正确选择营销模式做出判断。

（二）社会化媒体 KOL 营销环境下中小型跨境电商的体系模型建设

随着"一带一路"倡议和电商发展逐渐世界化，电子商务为各国之间相互联系、发展带来了契机。国家之间的经济一体化、区域中的贸易多元化也逐步完善。2018 年以来，多部委先后出台政策，扩大享受跨境电商的优惠政策以及电商销售商品范围，提高单次交易限值和年度交易限值，2019 年 4 月 1 日起，大部分进口跨境电商商品税率下降为 9.1%。根据商务部和海关总署等部门统计的数据显示，在 2017 年 -2020 年期间，预计我国跨境电商行业将继续保持在 15.7% 的年均复合增速发展，2020 年将达到 120000 亿的大数字规模。跨境电商企业的渗透率呈现逐年递增的现象，自 2008 年的 4.0% 上升到 2016 年的 27.5%，预计在 2020 年将达到占比 37.6%。此外，2019 年 1 月 30 日召开的中国贸促会宣布了 2019 年将采取搭建更多的经贸平台等一系列措施，帮助中小企业扩大进出口。这一系列的国家支持政策与措施表明了中小企业是中国外贸乃至整个中国经济的主力军，贡献

了中国 50% 以上的税收、60% 以上的 GDP 和 80% 以上的城镇劳动就业岗位。在未来的发展中，国家也会进一步加强中小型电子商务企业的跨境贸易。

中小型企业跨境电商从选择 KOL 营销模式下建立①②两种模型，模型①根据 KOL 特征打造营销形式和特征；模型②根据 KOL 营销在对应媒介下的特征打造营销形式和内容。

对社会化媒体 KOL 的调查报告做出详细的统计，分析社会群体对 KOL 营销持有的态度以及取得 KOL 营销运用在中小型企业跨境电商应用效果的第一手资料。对原始数据初步做出分析并针对分析绘制对应的数据统计表以及针对性的函数曲线，根据结果表现出其中的相互关系以便于下一次的研究。通过对 KOL 进行数据定性分析和对新媒体定量分析两种分析方法，总体来说其中包括回归性线路分析、聚类品种分析、交叉方式的分析、相关性研究的分析等对调查数据结合分析，最终得出社会群体对社会化媒体 KOL 营销的一般偏好以及未来发展方向和前景预估，并且需要根据调查结果的抽样来分析和推断整个消费群体的数据。

模型建设：假设在 KOL 数据分析调查中，自变量 X1，X2，……，Xp，因变量 Y，自变量 X1，X2，……，Xp 与 Y（数据定性分析与定量分析）之间具有线性关系。KOL 线性回归模型建设：$Yi=ß0+ß1X1i+ß2X2i+……+ßpXpi+e$；模拟 X 与 Y 之间的这种线性关系。KOL 的线性路线分析中：Y 的第 i 个取值 Yi，是自变量 X1，X2，……，Xp 的第 i 个取值为自变量的线性函数 $ß0+ß1X1i+ß2X2i+……+ßpXpi$，再加上 e，i=1，2，3，……，∞，e 被称为误差项的随机变量。由此可知需要完善社会化 KOL 营销体系的对策并且为之建立风险机制。

（三）社会化媒体 KOL 营销环境下中小型跨境电商的路径模型构建

基于不同类型的中小型企业跨境电商在不同的环境和时期需要有不同的路径模型，运用"链条"视角把企业环节串联，寻求价值增值，创造性地将价值链耦合到中小型企业跨境电商 KOL 营销体系中，构建了基于价值链的社会化营销资源，其中市场、成本、管理是关键因素。

基于价值链条下中小型企业运用 KOL 营销创造的产品价值与利益相关价值路径的构建。运用创新的视角并且结合之前研究的基础，以顾客需求为挖掘点，综合各部门的业务和流程，强调价值创造、价值传递、客户关系管理，最终实现价值链条的完善达到企业与顾客双赢的局面。

基于价值链条下社会化 KOL 营销体系中——PDCA 路径构建。营销体系 PDCA（质量环）是本论文中企业不断改善的循环过程，中小型跨境电商企业，需要全面提升质量管理。KOL 营销必须加大管控机制，以便于最终实现可持续长久的营销过程和构建完善的质量环营销体系。

基于价值链条下 KOL 营销发展新路径的模型构建。①基于不同企业对应不同市场营销和针对性顾客价值主张中出现的创新运用，实现在价值链下中小型跨境企业的市场营销活动；②基于中小型企业下对于各不同部门内容运行模式的创新分析，注重能力发展的同时不能忽视增值的效用；③基于外部价值链下的界面创新模式，在当今社会，对于中小型企业各种活动中更加注重信息交流和知识共享，从而带动企业的发展。

（四）实证分析

在重点实现了基于社会化媒体 KOL 营销环境下中小型跨境电商的体系与路径研究，根据研究结果，进行实证分析。实证的内容有两部分：①依据社会化媒体 KOL 营销环境下中小型跨境电商的体系模型建设，对合肥史密斯仪表有限公司等跨境电商企业进行实证；②依据社会化媒体 KOL 营销环境下中小型跨境电商的路径模型构建，在部分①的基础上，选择 20 家跨境电商企业（包含制造业）对于不同时期、PDCA 营销体系、价值链路径等方面的分析作为实证分析，调查验证路径模型。实证目的有三：验证不同中小型跨境电商企业在社会化 KOL 营销建立体系和模型的精准性；通过选择不同的中小型企业对建立的模型准确性和可靠性进行验证；将上述体系和路径运用到中小型企业跨境电商中，改善不足的营销方式方法，促进企业发展。

完成基于社会化媒体 KOL 营销环境下中小型跨境电商的体系建设和路径模型构建，可以使中小型企业跨境电商通过合适的 KOL 营销方式方法扩大贸易，增加收入。通过实践检验本节的准确性，得出针对不同类型中小型企业跨境电商和不同时期应采取不同的 KOL 营销策略的结论，这一结论有以下作用：针对不同企业对应不同市场营销和针对性顾客价值主张中出现的创新运用，实现在价值链下中小型跨境企业的市场营销活动；帮助中小型企业快速打造企业知名度，实现企业价值的增长，提高企业的工作效率，加速企业转型升级，拓展自身经营方式，增强企业竞争力。

第六节 跨境电商在网络媒体营销中的策略研究

随着新媒体时代的到来和淘宝、京东、聚美优品等电子商务的崛起，人们的消费方式渐渐从实体店转向了互联网，但是前几年电子商务的交易还是局限于国内的商品，对于国外的进口产品来说，我们通过互联网还是很难买到。于是，近几年跨境电子商务依靠网络媒体营销迅速崛起，聚美优品、京东都因此成功转型，推出聚美优品海外代购与京东全球购，让销售范围又再一次扩大。网络媒体的迅速发展为跨境电子商务的发展提供了基础与便利。其中，"网易考拉"就是跨境电子商务的典型代表，借助互联网这个平台，对经济的发展有着巨大的影响。笔者就以"网易考拉"为例，就跨境电商在网络媒体营销中的策略进行分析。

跨境电子商务指通过电子商务平台，对不同关境的产品进行交易的过程。跨境电商作为新媒体的产物，给中国的经济带来了很大的影响。"网易考拉"自 2015 年公测以来发展迅猛，主要以销售彩妆、母婴、家居用品、数码产品、环球美食为主。新媒体的海量优势与强大的检索功能为"网易考拉"的发展提供了很大的支持。作为一家驱动型的跨境电商，在短短几年内跻身跨境电商的第一梯队，少不了媒体的传播。无论是网页广告、微博互动、实时直播等依靠互联网平台的新媒体营销，还是综艺赞助、电视剧植入等传统电视媒体的营销，都影响着跨境电商的发展。

一、网络媒体营销的含义

网络营销是以互联网作为载体，为实现自己的目标对网民进行的营销活动。网络媒体营销是整体营销战略中一个重要的组成部分，作为企业的一种经营管理手段，是企业开展商务活动过程中一个最基本的、最为重要的网上商业活动。它的目的是为了通过各种方式，通过一些具体的对策提高自身的知名度推销自己的网站扩大影响力。

二、网络媒体营销的特点

用户定位精准。网络媒体时代的用户，以大学生及都市白领等年轻群体为主。因此，网络媒体营销的目标受众主要对准的就是年轻人。精准的用户定位，也为企业打造产品有了一个更好的方向。"网易考拉"通过网络媒体营销的受众也是基于年轻群体的基础上，推出更为符合青年人标准的海淘商品。

与用户实时互动，实现"零距离"。相较于传统媒体死板、传播慢速，网络媒体更为灵活多变，在传播速度上更是远快于传统媒体。用户在"网易考拉"上购买商品可以进行实时交流，在最短的时间内得到最想要的信息。在"网易考拉"的官方微博里，博主也可以及时收到用户在评论中提到的问题，并进行改善，不再被时间所束缚。

三、网络媒体营销的策略

（一）媒体营销战略

1. 通过传统媒体的营销

相信大家有听说过甚至看过去年的一档综艺《花儿与少年第三季》，在节目播出期间"网易考拉"推出了花儿与少年的定制海报，每张海报上都配了文案并推荐一款产品。而在今年的《向往的生活第二季》中"网易考拉"也进行了赞助。之所以赞助热门的综艺节目，主要是近几年来越来越多综艺节目的推出，无论是冒险类还是慢生活类的综艺节目，主要的受众都是大学生、都市白领等较为年轻的群体，也较为符合"网易考拉"的用户，两者的融合，更有助于品牌的打造与推广。通过电视这个传统媒介的传播平台，传播的影响力不仅更加权威，影响的人群也更加广泛。它不单单影响了新媒体时代下的青年受众，也影响了并不太会使用新媒体的中年人。

2. 通过新媒体的营销

进入"网易考拉"的官网,我们就可以看到"网易考拉"所秉持的理念"网易自营, 100% 正品"。自淘宝推出以来,卖假货的消息就风靡整个中国,这也是 C2C 模式下的弊端, 淘宝只是提供了一个平台让消费者与消费者之间互相进行交易,阿里巴巴集团也只能尽量 维护消费者的权益,并不能完全保障。而网易自营的 B2C 模式,让受众对 100% 正品更具 有信心。

2016 年 10 月"网易考拉"采取另类新媒体营销方式——网络直播。网络直播的一大 特性就是受众互动性,直播双方在直播过程中频繁互动,以此加深了主播与粉丝的亲密度, 利用这一亲密度,主播能更容易的培养受众偏好,为市场推广做准备。"网易考拉"在直 播过程中造访了好几家当时较为火热的日本产品品牌厂,全程实时直播,不仅做到了与受 众的实时互动也让受众真实感受到了"网易自营,100% 正品"。每年的电商盛宴,让每 家电商平台都绞尽脑汁,而"网易考拉"坚持自己最初的直播采买营销战略,不断稳固自 己的地位,把海外产品真正放心地带给国内用户。"网易考拉"称,还会走入更多的国家 直播采买,让用户足不出户就可以用上优质、低价又放心的商品,也可以更直观地看到商 品的来源。2017 年中国跨境电商平台正品信任度的排行榜上,"网易考拉"以 38.8%,超 越了 36.1% 的天猫国际与 35.6% 的京东全球购占据第一的位置。通过直播实时互动的网络 营销,也是新媒体时代独特营销方式的一种体现。新媒体营销的核心在于:降低成本,扩 大覆盖,提高影响,促发行动。网络直播正完美地展现了新媒体营销的核心,不仅为企业 带来了利润,也提升了企业的知名度与信誉。

(二)官网营销战略

"网易考拉"的官网中信息丰富,能够全面展现给受众所有的内容。当首先想要详细 了解其相关内容时,官网是一个非常实用又便捷的途径。但是它同时也带来了一个问题, 就是不能即时与用户进行沟通与互动。未来,若是能解决这个问题,能更好地满足用户的 服务需求,"网易考拉"的用户还会有很大的增长趋势。

(三)社会化媒体营销战略

微博、微信作为目前社会化媒体的两大巨头,它们的传播影响是每个人都看得到的,"网 易考拉"也有自己的官方微博和微信公众号,不定期推荐产品,通过用户的评论,即时了 解用户的需求,为用户答疑解惑。"网易考拉"在微博内容的发布上也是采用了制造话题 的方式,他的主要话题就是他的 Slogan# 我的美好世界 #,通过不停商品的推荐制造不同 的话题,更能引起消费者的关注。"网易考拉"最新一条微博是为 618 狂欢节造势,在微 博内容上,它将大力度的优惠信息发布在上面还分享了 APP 领券的链接。从优惠信息来看, 引起了更多商品需要者的兴趣;从 APP 领券链接的分享来看,达到了微博与客户端的媒 介融合。对于没有下载过 APP 的用户来说,微博分享链接的社会化媒体营销方式,解决了因为没有流量等原因造成的无法下载 APP 也可以即时抢到优惠券的问题。所以，即便不是通过浏览过官方网站、下载 APP 的方式也可以通过媒介融合达到网络媒体营销的效果。

（四）网络广告

网络广告具有覆盖广、传播快，与消费者互动性强、成本低、效果好，形式灵活多样等优点。"网易考拉"的官网作为一个网站，本来就是一种网络广告的形式，建立属于"网易考拉"自己的官网，就是为了宣传企业以及提供一个属于自己的交易平台。

四、网络媒体营销对跨境电商发展前景的影响

（一）国家的政策支持与媒体传播的便利

我们国家一直都是鼓励外交，虽然在清朝我们曾"闭关锁国"，也正是因为曾经的错误决策让我们对"打开国门"进行进出口交易更加重视。1978 年，改革开放使中国经济飞速发展，这也国家支持跨境电商行业开展的重要原因，他不仅促进进口也加大了出口。而在新媒体不断兴起的今天，通过媒体的传播更加便捷的购物形式，足不出户就能完成进口交易的操作模式，受到了大多数年轻人的青睐。

（二）网络媒体营销技术走向成熟，竞争压力加剧

随着新媒体技术的不断成熟，新媒体人才的不断涌现，基于新媒体的跨境电商平台还会不断地出现。5G 时代的到来，互联网的传播速度都会进入一个新的纪元，网络媒体的营销方式也还会出现更多新的形式。要想优于其他跨界电商平台"网易考拉"必须取长补短，保留打造正品的理念，完善物流体系，提高物流效率，必须不断推陈出新进行改革，这样才会有自己的一席之地。

网络媒体营销带给跨境电商的影响是不容小觑的。新媒体的技术支持，搭配新媒体的快速传播，是这两者结合到一起才会让跨境电商平台走入大众的视野，最后再通过跨境电商平台自己的运营达到用户的要求，使得跨境电商平台能在短时间内崛起并蓬勃发展。内部运营很重要，但是宣传、营销才是决定成败的重要原因。人们常说"是金子总会发光"，可是发光的金子要怎么样才能让大家都知道呢？这也就道出了网络媒体营销的作用与目的。

第七节　跨境电商网络营销之英文软文撰写研究

一、跨境电商英文软文概述以及作用

　　跨境电商软文指的是在境外媒体或自媒体发布的软性广告，是推广跨境电商店铺或者自建站的外链推广的一种有效方式。在互联网自媒体如此发达的今天，软文可以说是无处不在，一篇好的软文，不仅可以为网站带来惊人的流量，高的流量转化率，还可以推广企业品牌和形象。

二、跨境电商软文特点

　　跨境电商软文的撰写要符合软文撰写的基本规则，又有其特殊之处。跨境电商软文用外语撰写，站在外国消费者立场来撰写，发布在海外媒体。从写作、发布、内容、链接都要符合国际化的网络环境、习惯，要注意中外的文化差异。网站内容和外链行为要符合国际化的网络礼仪，考虑到不同国家的语境，尊重他国的宗教信仰等。

三、撰写规则研究

（一）规则一：进行目标客户研究，瞄准目标客户

　　语言、文化的差异使得跨境电商软文在撰写前需要进行详细的市场调研，将客户按照地理、国家、宗教文化、年龄等进行细分，了解细化消费群体的消费心理和购物习惯，做到准确识别目标客户。当撰写者心中有了一个具体的客户素描，在撰写软文的时候能够一下击中该类客户的买点，引起买家的共鸣，起到好的营销效果。

　　从以下渠道均可获得目标客户信息：该国市场调研报告、各大搜索引擎工具、电商平台后台大数据、同类型商品买家评价、留言分享、当地论坛、社交媒体、热帖等。

（二）规则二：引人入胜的标题

　　虽然我们不是要去做"标题党"，然而一个极具诱惑力的标题的确可以吸引到目标客户来阅读软文。当然，软文标题还是要注意和内容的相关性，这样一来不仅做了推广，也让读者有所收获。以下就是几种类型的标题：

　　1.疑问型标题：这种标题最直接，可以直接匹配搜索引擎人们问的问题，可以用疑问长尾词做标题，如：伴娘怎样穿才得体？

　　2.故事型标题：通过讲故事分享观点，引起共鸣。如：母亲改变孩子学习态度的技巧

分享。

3. 数字型标题：这类标题一般是提示归纳总结、简洁明了。如：30 分钟教会你化一个工作妆。

（三）规则三：提炼出合适的关键字

撰写软文的一个主要目的是引入外链，让看到软文的读者点击本节的链接进入店铺或者网站，让更多的关键词被搜索引擎收录，从而提高网站或者网店的搜索排名。关键词的提炼和设置非常重要。要提炼关键词，主要有以下来源：①从产品属性提取关键词；②从产品同类型、热销产品、热销属性提炼关键词；③精准的关键长词。

如标题：加大码雪纺连衣裙女式新款雪纺覆面四分之三袖缝制不规则下摆蕾丝连衣裙 Plus Size Chiffon Dresses Women New Fashion Chiffon Overlay Three Quarter Sleeve Stitching Irregular Hem Lace Dress 中，有属性关键词：Plus Size，Chiffon；热销关键词：New Fashion；精准长词：Overlay Three Quarter Sleeve Stitching Irregular Hem Lace Dress。

怎样利用关键词撰写软文呢？

首先，我们要选取适当的关键词，充分利用各个搜索引擎的关键词工具，比如 Google 的关键词工具为 Good Adwords。从搜索热度、点击率、长尾关键词和类似关键词等各方面筛选出最有价值的核心关键词；其次，我们要找出核心关键词并对其进行拓展，拓展出多个长尾词组成词库，以之为主题来撰写软文。此外，在文中我们要注意关键词的布局以及密度。在表达出软文主要内容的同时，关键词穿插其中，最好配有图片，达到图文并茂的效果；最后，由于搜索引擎擅长发现自然语言，有关键词垃圾屏蔽功能，我们的标题不能全部是关键词堆砌，要将标题集中于 1 ~ 2 个关键词即可，在我们撰写软文的时候就可以将这些关键词加入到本节中，并设为页面的关键词。这样能提高本网页被搜索引擎收录的概率，提高 SEO 排名。

（四）规则四：注意语言规范和语言本土性

撰写软文最忌讳的就是直接用翻译软件将中文翻译成英文，这样的软文不地道，很难打动读者。要写出优质的英文软文，要了解英文的基本写作规范，如：①以短句（小于20字）为主，长句要用逗号分开；②英文标点符号使用正确，完成一个句子后标点，空一格后写下一句；③主动语态比被动语态的表达效果更好，因此写作要以主动语态为主，少用被动语态，一般要控制到10% 以下；④多用第一人称，多使用人称词语。这样会让人有一种亲切感；⑤避免出现长段落，以短段落为主，分段简洁易读；⑥本节不可太短，至少500字。如果能配上图片更好，图文结合。

初学者除了多学习撰写规范，还可以在英语论坛里面多看故事，将其翻译成中文，然后模仿或者修改，变成自己的本节，这样的本节叫作"伪原创本节"，但不失为初学者的一种方法。也可以从同类型电商网站的买家评论里面多看买家评论，从而加以提炼和修改，变成自己的本节。还可以将产品的关键字输入到 Google、quora 或者 buzzsumo 等网站，看看大家围绕这些关键字，都在讨论什么话题，从而寻找写作灵感。

此外，我们一定要注意本节的受众，不能写与当地法律制度、政治制度、宗教信仰违背的消息，以避免不必要的麻烦，一定要尊重当地的宗教信仰。

（五）规则五：软文要有带入性，以情动人

软文的写作方式有很多，但无论哪种都要有带入性，要站在消费者的角度，结合大数据分析消费者的心理来撰写。

比如写一款"独角兽夜灯"的软文，我们根据后台热搜词"kids，reading，night"以及买家留言，发现这款台灯多数都是家长买给孩子晚上读书或作为礼物。因此就可以写一篇故事类型的软文。讲圣诞节送礼给孩子一个独角兽灯，让他好好读书。广告性质不太明显，如果有人回帖，再发链接。多写一些使用感受，让消费者代入感强烈，激起购买的欲望。

（六）规则六：发布媒体研究

撰写跨境电商软文肯定要发布到海外媒体，尤其是海外主流社交媒体，主要有 Facebook、Twitter、Instagram、Snapchat 等。这些媒体 90% 是通过移动设备登陆，在这些媒体上面撰写软文首先要熟悉该平台的规则，然后再操作。

以 Facebook 为例，我们可以按照以下方法进行软文推广：设置关键词搜索，添加潜在客户；关键词搜索小组，加入，发一些不明显的软文；建立自己的主页，发布产品软文，发布一些娱乐性的引人阅读的软文，与产品相关更好，频率不要太高，以吸引人气。总之，目的都是增加粉丝数，粉丝页运营维护客户，再营销广告提高转化率。

还有很多特定消费者的非主流的社交媒体，也是我们发布的目标媒体。比如：Pinterest 这个平台，它主要关注时尚方向，美国用户占三分之一。人们主要用来观看照片、帮助购物、分享相片视频等。数据显示，该媒体最流行的杂志平台是芭莎。很多时尚界 icon 都在上面有个人账号，如果要推广某类时尚类产品，这就是一个很不错的平台。

以 2018 年爆红网络的 Orolay "亚马逊外套"为例，Orolay 品牌的这款外套 2013 年在美国亚马逊上线，前期一直滞销。从 2017 年开始，这款设计新颖、价格实惠的羽绒外套开始获得很多海外社交时尚博主的关注，直到 2018 年寒冬又获得了一大波社交热帖的报道，还被美国全国广播公司（NBC）报道，在美国媒体和社交网络上爆红，成了亚马逊排名第一的爆款羽绒外套。这充分体现了社交媒体软文推广的巨大能量。

跨境电商软文为跨境电商内容营销必不可少的内容，作用不可小觑。作为中国的跨境电商营销人员，要努力研究软文撰写规则、发布规则、发布媒体规则等，撰写出优秀的软文，发挥出软文营销在跨境电商网络营销中的巨大能量。

参考文献

[1] 卢达华. 跨境电子商务发展影响因素研究 [D]. 深圳大学，2017.

[2] 夏倩鸣. 跨境电商产业链发展及对策研究 [D]. 浙江大学，2017.

[3] 欧伟强，钟晓燕. 我国外贸出口企业的跨境电商之路 [J]. 价格月刊，2015（12）：82-85.

[4] 俞柯白. 我国进口跨境电商现状、存在问题及相关建议 [D]. 上海交通大学，2015.

[5] 詹玉兰. 跨境电商人才核心岗位及技能需求分析与对策研究——基于高职国际贸易专业角度 [J]. 中国市场，2018（2）：148-149+168.

[6] 李海菊. 基于产教融合的跨境电商岗位群人才需求分析 [J]. 管理观察，2017（36）：38-40.

[7] 肖营. 基于跨境电商产业链的外贸电商人才培养路径研究 [J]. 广东经济，2018（6）：76-79.

[8] 丁晖等. 跨境电商多平台运营实战基础 [M]. 北京：电子工业出版社，2017：234.

[9] 荣兆梓. 政治经济学教程新编 [M]. 安徽：安徽人民出版社，2008：165-166.

[10] 杨怀珍，刘瑞环，李灿灿等. 产品价格受需求影响的上游段 VMI 供应链利益分配模型 [J]. 系统科学学报，2017（3）：107-111.

[11] 贾雨霏，舒晓惠，徐艳. 湖南省地方本科高校国贸专业电商课程教学改革研究——基于跨境电商发展背景 [J]. 知识经济，2018（24）：129-130.

[12] 王小简. 基于跨境电商的高职商务英语课程建设存在的问题及对策 [J]. 沙洲职业工学院学报，2018，21（2）：49-51，55.

[13] 高浩，娄自强. 跨境电商人才培养存在的问题与对策研究——以青岛市为例 [J]. 现代商业，2018（13）：56-57.

[14] 陈浩东. 跨境电商与跨境物流复合型人才教学改革培养模式研究 [J]. 物流工程与管理，2018，40（12）：136-137.

[15] 宋清涛. 面向跨境电商行业的应用型本科商务英语专业实践教学模式 [J]. 西部素质教育，2018，4（23）：174，212.

[16] 赵莉. 跨境电商背景下应用型高校商务英语专业实践教学改革探索 [J]. 活力，2018（24）：192-193.

[17] 江媛媛. 基于跨境电商发展环境下物流服务多元化运营模式的研究 [J]. 物流工程

与管理，2019，41（05）.

[18] 褚嘉菁．湖北省跨境电商的现状与机遇研究 [J]．经贸实践，2018（01）.

[19] 徐婧．中小企业跨境电商运营存在的问题及其对策研究 [J]．经济研究导刊，2017（26）.

[20] 王姝怡．跨境电商背景下国际贸易专业人才培养模式研究 [J]．吉林省教育学院学报，2018（12）：38-41.

[21] 陈长英．浙江省跨境电商人才需求分析及培养路径研究 [J]．中国商论，2015（2）：184-187.

[22] 吕宏晶．跨境电商实训课程开发与建设研究 [J]．辽宁经济管理干部学院学报，2016（1）：96-98.

[23] 关浩杰．基于双创能力培养的跨境电商课程教学改革研究 [J]．市场周刊（理论研究），2017（4）：153-154.

[24] 朱超才．"互联网 +"背景下跨境电商人才培养策略 [J]．通化师范学院学报，2016（2）：97-99.

[25] 刘娟．高校国际贸易专业实验教学考核模式改革初探 [J]．黑龙江教育（高教研究与评估），2014（6）：21-22.

[26] 汪艳．"一带一路"背景下广东高职跨境电商人才培养模式创新探讨 [J]．湖北开放职业学院学报，2019（8）：20-21.